《中国国家创新生态系统研究》丛书编委会

主　编　汤书昆
副主编　褚建勋　徐雁龙
编　委　李　士　王　明　方媛媛　李　昂
　　　　李林子　林爱兵　周　全　孙文彬
　　　　谢起慧　洪　进　贺小桐　常　鹤
　　　　朱安达

"十四五"国家重点出版物出版规划项目

国家社会科学基金项目(21BKS196)阶段性成果

公共突发事件的政府应急科普机制研究

王 明 著

Mechanism of

Official Emergency

Science Popularization

in Public Emergency

中国科学技术大学出版社

内容简介

在应对各类公共突发事件时，应急科普不仅能够解疑释惑、破除谣言、增强公众认知力，消解社会恐慌与焦虑，而且可以科学指导各类应急救援行动，提升政府综合应急管理能力。本书从政府应急科普理论入手，就政府应急科普机制建设的时代背景、现状以及不足进行了研究分析，并提出了完善政府应急科普机制的政策思路及行动建议。

本书可供公共管理与公共政策、科学传播与政务舆情管理等研究领域的人员参阅，也适合党政机关工作人员以及对科普感兴趣的大众读者阅读。

图书在版编目(CIP)数据

公共突发事件的政府应急科普机制研究/王明著. —合肥：中国科学技术大学出版社，2024.8

ISBN 978-7-312-05884-4

Ⅰ. 公⋯ Ⅱ. 王⋯ Ⅲ. 国家行政机关—突发事件—公共管理—研究—中国 Ⅳ. D630.8

中国国家版本馆 CIP 数据核字(2024)第 043548 号

公共突发事件的政府应急科普机制研究
GONGGONG TUFA SHIJIAN DE ZHENGFU YINGJI KEPU JIZHI YANJIU

出版	中国科学技术大学出版社
	安徽省合肥市金寨路 96 号，230026
	http://press.ustc.edu.cn
	https://zgkxjsdxcbs.tmall.com
印刷	合肥华苑印刷包装有限公司
发行	中国科学技术大学出版社
开本	710 mm×1000 mm 1/16
印张	12.75
字数	168 千
版次	2024 年 8 月第 1 版
印次	2024 年 8 月第 1 次印刷
定价	59.00 元

序 言

PREFACE

习近平总书记指出,"当前和今后一个时期,我国发展进入各种风险挑战不断积累甚至集中显露的时期"。风险社会是当今社会的重要属性特征,也是党和国家不遗余力推进应急管理体系及能力现代化建设的重要时代背景。当前,受百年未有之大变局加速演进的影响,各种内外部风险相互交织和演化,传统安全与非传统安全风险因素明显增多,公共突发事件呈现多发、频发的态势。随着科技与经济社会发展深度交融,公共突发事件经常暗含或牵涉深奥复杂的科学议题。从日本核泄漏引发抢盐风波到PX项目在多地屡遭抵制,从黄金大米事件到长生问题疫苗舆情,从"非典"到新冠疫情,诸多事件折射出一个严峻的现实:面对公共突发事件,互联网+社交媒介的兴起,赋予了公众强大的信息感知与自主传播能力,改变了传统社会舆情的生成模式与衍变规律,很容易将某个科学议题发酵成网络负面舆情,引发线下非理性群体行为,给政府的应急救援处置带来新的挑战。有组织地开展政府应急科普,不仅可以正确引导公众认知,纾解社会恐慌与焦虑,还可以科学指导各类应急救援行动,提升整体防灾、减灾、救灾能力,维护公共安全体系。广义上的应急科普既包括针对公共突发事件或社会热点舆情而密集开展的各种应急科普服务,也包括面向各类可预见、易发性的公共突发事件和热点舆情而开展的日常科普教育。前者的作用类似"广谱免疫",后者则是"对症下药"。本书重点聚焦前者来讨论,即针对公共突发事件,加强对应急科普热点的侦测和预警,围绕公众科普需求有针对性地开展科普服务,目的在于科学引导社会认知,消除各类"科学谣言",同时宣传科学应急行为,提升各类应急主体的自救、互救、他救能力。

在网络信息时代,应急科普主体急剧扩增已经是一个不争的事实。社交媒体赋权每个组织与个体,人人皆可发声,科学传播已经呈现出极其复杂的态势。所谓政府应急科普,是指政府主导开展的官方应急科普,有别于其他非政府组织、媒体甚至公众个体的应急科普行为,它是以政府、媒体、科学家三方合作模式贯穿应急科普过程的。其中,政府是应急科普工作的组织者、协调者和监管者,其作用是使政府应急政策决策能得到贯彻执行;媒体则为科普信息的社会化传播提供平台和技术,履行传播者的角色;科学家是应急科普的内容生产者,是权威科学信息的供给源头。三类主体权责分工明确并通力配合,构成了政府应急科普的基本行动框架。

早在十余年前就有学者提出加强政府应急科普,国家在应急管理相关政策文件中也有要求,但学界一直缺乏系统的理论研究,实践也因此受到制约。新冠疫情暴发之后,应急科普的价值得到充分彰显,党和国家高度重视全面推进应急管理体系及能力现代化建设,在应急管理和科普领域的"十四五"规划中已经明确提出,要加强公共突发事件的应急科普工作。党的二十大报告明确指出,"建立大安全大应急框架,完善公共安全体系,推动公共安全治理模式向事前预防转型",这不仅为新时代加强应急管理工作指明了前进方向,也为应急科普纳入应急管理体系建设提供了政策契机。总而言之,应急科普是应急管理的重要手段,加强政府应急科普工作,是落实总体国家安全观、构建新时代公共安全体系、高水平推进国家治理体系及能力现代化的重要方面。

本书为国家社会科学基金项目"习近平总书记关于应急管理体系及能力建设的重要论述研究(21BKS196)"阶段性成果。研究内容主要围绕为什么要加强政府应急科普以及如何加强展开,具体章节安排如下:第一章介绍研究背景、目的及意义,综述国内外相关研究进展。第二章介绍应急科普的基础理论,厘清应急科普的内涵,解释政府应急科普的行动逻辑。第三章和第四章从需求与供给两侧出发,对当前科普工作面临的整体环境进行分析。一方面是当今经济社会发展、国家治理以及公众对美好生活向往背后的科普新需求,另一方面是网络信息时代科普供给侧正在发生的变化,包括科普主体、科普内容、科普形式、科普媒介等多个层面的变化,从中阐明科普工作领域出现的新问题,这些问题很多是当前政府应急科普所面临的困境或困境产生的原因。正因为科普本质上是一种传播行为,其重要职能之一是提升公众科学认知,引导化解舆情,因此,第五章结合现实案例去阐释公共突发事件中涉科学议题的网络舆情生成机理。从第六章至第九章,聚焦现实案例来探讨当前政府应急科普机制建设的现状与效能,分析其存在的不足,就如何完善应急科普机制建设、提升应急科普能力展开探讨。

目录

CONTENTS

序言 ·· (i)

第一章
绪论 ·· (1)

第一节 研究背景概述 ·· (1)

第二节 研究目的及意义 ·· (3)

第三节 国内外应急科普研究述评 ·································· (5)

第二章
政府应急科普概述 ·· (12)

第一节 政府应急科普的内涵 ······································ (12)

第二节 政府应急科普的行动逻辑:三方合作 ···················· (14)

第三节 政府应急科普的功能价值 ·································· (19)

第三章
新时代发展与治理的科普新需求……………………………(25)

第一节　经济社会发展下的科普新需求 ……………………(25)

第二节　国家治理现代化建设下的科普新需求 ……………(31)

第三节　公众对美好生活向往的科普新需求 ………………(35)

第四章
网络信息时代的科普新生态……………………………………(41)

第一节　网络信息时代的科普新特点 ………………………(41)

第二节　网络信息时代的科普新方式 ………………………(50)

第三节　网络信息时代科普面临的新挑战 …………………(51)

第五章
涉科学议题的网络舆情生成机理………………………………(63)

第一节　涉科学议题的网络舆情特征 ………………………(63)

第二节　涉科学议题的网络舆情触发条件 …………………(72)

第三节　涉科学议题的网络舆情生成机理 …………………(77)

第四节　科学应对网络热点舆情基本思路 …………………(84)

第六章
个案透视：公共突发事件的政府应急科普效能 （87）

第一节　新冠疫情暴发初期政府应急科普工作及其成效 （87）

第二节　以新冠疫情透视政府应急科普工作的不足 （91）

第三节　三方合作视域下政府应急科普效能的制约因素 （97）

第四节　案例启示：完善政府应急科普机制的实践进路 （100）

第七章
多主体合作：政府应急科普工作机制的构建 （106）

第一节　政府应急科普机制建设历史与现实 （106）

第二节　政府应急科普机制建设存在的不足 （118）

第三节　加强政府应急科普机制建设的政策思路 （125）

第四节　政府应急科普工作流程及其策略审思 （133）

第八章
科学辟谣：政府应急科普的核心策略 （149）

第一节　短视频时代政府辟谣的现实困境 （149）

第二节　谣言与网络"科学谣言"的成因解释 （152）

第三节　网络"科学谣言"传播的主要策略 （156）

第四节　应对网络"科学谣言"的典型辟谣模式 （160）

第五节　四类辟谣机制的优劣势比较分析 （168）

第六节　公共突发事件网络"科学谣言"治理进路 …………………（171）

第九章
法律规制：政府应急科普的主体责任界定 ………………（176）

第一节　政府应急科普主体责任的学理性分析 ………………………（176）

第二节　政府应急科普主体法律规制的现状 …………………………（180）

第三节　政府应急科普主体责任的界定与落实 ………………………（183）

第四节　加强社会科普主体责任的法律规制 …………………………（187）

后记 …………………………………………………………………（191）

第一章
绪　　论

本章将就本书的研究背景、研究目的和意义进行阐述,并对国内外相关研究现状进行梳理,进一步明确本书研究的起点和方向。

第一节　研究背景概述

党和国家历来重视科普工作,强调科学素质是公民综合素质的重要组成部分,大力实施科学普及是提升公民科学素质最为根本的手段。为此,我国还专门为科普工作出台专项法律,明确提出了科普的"四科两能力"①目标,这属于世界首创。我国之所以高度重视科普工作,是因为科技日益成为创新发展的关键驱动力,并成为世界各国立国强国的核心竞争力。2016年,习近平总书记在全国科技创新大会、两院院士大会、中国科协第九次全国代表大会上提出了关于科普工作的"两翼理论",他指出:"科技创新、科学普及是实现创新发展的两翼,要把科学普及放在与科技创新同等重要的位置。"研究指出,"两翼理论"产生于科普服务国家治理体系和治理能力现代化、服务国家高水平科技自立自强

---

① "四科两能力"是对公众科学素质的概括,也是科普的工作目标,即了解必要的科学技术知识,掌握基本的科学方法,树立科学思想,崇尚科学精神,并具有一定的应用科学处理实际问题、参与公共事务的能力。

发展的新语境下,是对科技创新和科学普及理论的完善,是与时俱进的新时代创新发展理论,是适应新时代创新发展要求、解决新时代发展问题的方案。①从现实看,随着科技与经济社会发展交融日益加深,科普不仅对科技自立自强具有至关重要的作用,而且对包括应急管理在内的各类社会治理活动也凸显出不同于以往的价值。

21世纪以来,从日本核泄漏引发抢盐风波到PX项目在多地屡遭抵制,从黄金大米事件到长生问题疫苗舆情,从"非典"到新冠疫情,涉及科学议题的公共突发事件呈现复杂、高发、频发的趋势。诸多事件都折射出一个严峻的现实:随着全媒体时代的到来,微博、微信、B站、抖音等新兴媒介不断兴起,社会信息传播呈现内容碎片化、渠道多元化、载体移动化、传播社交化的趋势,社交媒介正在成为重要的社会舆论场和舆情爆发地。在公共突发事件演进过程中,互联网作为重要的信息传播平台,正在改变传统社会舆情的生成模式与演变规律。网络赋予公众强大的信息感知与扩散能力,很容易将某个科学议题发酵成热点舆情,引发线下群体性事件,导致社会恐慌和公共安全问题。科学防范和应对各类公共突发事件需要从应急管理体系及能力建设的总框架下思考政府应急科普机制的建设与运行问题。

新冠疫情暴发后,伴随防疫、抗疫需求的急剧增长,学界和政府部门高度重视应急性防疫科普,并达成了一个共识:坚持科学防治既需要依靠科学技术去战胜大灾大疫,同时,为了克服社会恐慌,坚定信心,引导公众提升科学防范意识和自我防控能力,也需要充分发挥应急科普的作用,增强全社会疫情防控的科学性和有效性。受实践的驱动,近几年应急科普已经成为学界的研究热点,

---

① 王挺."两翼理论"的思想源起和内涵认识[J].科普研究,2022,17(1):5-12.

相关著述明显增多。与此同时,国家也在积极将应急科普纳入应急管理体系来统筹建设,相关政策文件陆续出台。例如,国务院印发的《全民科学素质行动规划纲要(2021—2035年)》,科技部、中央宣传部、中国科协联合发布的《"十四五"国家科学技术普及发展规划》,中共中央办公厅、国务院办公厅印发的《关于新时代进一步加强科学技术普及工作的意见》,均对应急科普能力建设作出了明确要求和工作部署,充分体现了加强新时代应急科普工作的重要性与紧迫感。目前,从中央到地方,在应急管理体系中加强应急科普能力建设已经成为各级政府的重要事务。

第二节　研究目的及意义

在公共突发事件中,应急科普的核心价值在于两个方面:一是向公众传播科学,揭示事实真相,指导科学行动;二是驳斥谣言,以辟谣来打击伪科学传播。应急科普的本质是一种传播行为,因此,研究应急科普问题离不开对传播范式的探讨,即需要对包括传播主体、传播对象、传播方式、传播内容、传播渠道等传播生态进行全面性考察。当前,互联网已经成为人们获取资讯与传播信息的重要媒介,附着于公共突发事件的各种困惑、担忧、谣言往往在网络舆论场中加以呈现。因此,本书主要以近年来事件案例及其引发的网络舆情为样本,首先对政府应急科普作理论性阐释,然后从科普需求与供给两个层面来梳理当前网络信息时代科普工作本身发生了哪些变化,进而探讨科学类舆情的演化规律和触发条件,并结合目前国内应急科普的现状,探讨如何完善应急科普机制、加强应急科普能力建设。其意义有以下几个方面:

第一,丰富应急管理与科学传播的理论研究。应急科普属于应急管理和科学传播的交叉问题,此类研究总体上属于新兴的学术领域,目前正处于探索阶段,尚未形成成熟的理论体系。本书有助于读者深化对网络信息时代涉科学议题的公共突发事件的舆情生成规律的认识,从理论层面探索构建政府、媒体和科学家多主体相互协同的政府应急科普机制,解决现实中科学家"有科无普"和媒体"有普无科"的脱节问题,有助于深化应急科普理论研究。

第二,为政府应急科普机制建设提供决策参考。公共突发事件的应急科普既有应急救援指导作用,也有舆情引导功效。无论何种,都是政府妥善应对处置各类突发事件所必需的。以舆情引导为例,它既是各级政府部门舆情处置的一项基本工作,也是加强政务公开、推进政府公信力建设的必然要求。2018年,国家对应急管理部门实施机构改革,组建了中华人民共和国应急管理部,与此同时,《国务院办公厅关于在政务公开工作中进一步做好政务舆情回应的通知》《关于进一步加强突发事件应急科普宣教工作的意见》等多个文件对加强政务舆情回应与应急科普提出了明确要求。众所周知,公共突发事件所牵涉的科学议题往往比较复杂,这类舆情的回应较其他舆情更为困难,以往这类舆情的引导曾暴露出许多问题与不足,特别是"科学谣言"加剧了公众恐慌情绪、诱发了非理性社会行为,其中一个重要原因在于政府应急科普机制不健全,科学理性声音没有得到充分有效的传播。作为对现实问题的积极回应,本书可以为政府部门提供相关政策建议,有助于政府完善应急科普机制及组织建设,提升政府应急状态下的舆情回应能力。

第三,有助于推动应急管理体系及能力现代化建设。全面推进应急管理体系及能力建设是国家治理现代化的内在要求。党的十九届五中全会提出,"十四五"时期经济社会发展主要目标之一是"国家治理效能得到新提升",并将"防范化解重大风险体制机制不断健全,公共突发事件应急能力显著增强"作为主要目标之一。应急管理涵盖的领域广泛,应急科普是其中之一,以往这项工作没有受到应有的重视,特别是应急科普在应急素养提升、舆情引导等方面的作用没有被充分发挥。当今时代,科学与社会发展的张力不断增大,涉科学议题的公共突发事件不断增多,应急科普应当成为也正在成为各级政府妥善应对公共突发事件必须开展的重要工作之一,但是,这项工作如何有效开展,现实尚未给出一个很好的答案,本书的研究意义就在于此。

第三节 国内外应急科普研究述评

在国内,应急科普研究肇始于公共突发事件舆情治理问题的探讨。以"应急科普"为关键词在中国知网数据库进行检索,共获得各类文献382篇(含新闻报道)。[①] 其中主要主题和次要主题分布见表1.1,各年度的文献数量见图1.1。

表 1.1 国内应急科普相关文献的主题分布(排名前 10)

排序	主要主题(文献数量)	次要主题(文献数量)
1	应急科普(239)	突发事件(34)
2	科普宣教(26)	应急管理(21)
3	应急管理(23)	疫情防控(15)
4	新冠疫情(22)	公共突发事件(14)

---

① 文献统计时间截至 2024 年 5 月 30 日。

续表

排序	主要主题(文献数量)	次要主题(文献数量)
5	科普宣传(21)	应急知识(12)
6	突发公共卫生事件(16)	科普宣传(12)
7	电力应急(14)	应急科普(12)
8	科普漫画(14)	科学传播(12)
9	公共突发事件(13)	新冠疫情(11)
10	疫情防控(11)	应急管理部(10)

资料来源：中国知网数据库。

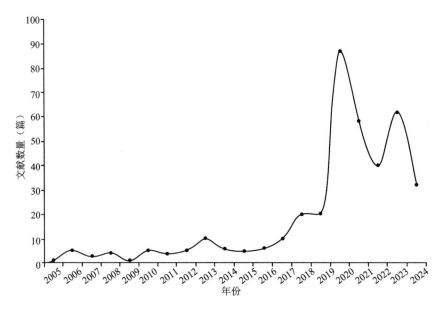

图1.1　2005—2024年国内应急科普相关研究文献数量

资料来源：中国知网数据库。

文献检索显示，应急科普在国内学术界仍然是一个新兴的研究领域，这类研究始于2004年左右，一般以网络舆情或公共突发事件为研究情境，主要分布在科学研究管理、行政学与国家治理、新闻传播学等领域,成果多见于《中国应急管理》《科普研究》《科技传播》等专业属性较强的期刊。尽管这类研究的成果数量有限,但在年度分布上有一个明显的规律,即总体呈现增长趋势,尤其是在2006年、2013年、2018年和2020年增长明显,形成了一个上升点,然后小幅回落(图1.1),其主要与国家政策出台或当年重大突发事件的发生有关。例如,2006年的应急科普相关文献主要是各地政府贯彻落实应急管理科普宣教工作方案报道;2013年的应急科普相关文献与四川省雅安市芦山县发生7.0级地震有关;2020年的应急科普相关文献数量急剧增长与突发新冠疫情有关。综合来看,应急科普一直受到学界关注但研究热度不高,主题比较分散(表1.1)。

国内研究总体认为,当前很多公共突发事件都涉及科学议题。之所以成为舆情,很多时候是因为普通群众科学知识有限、科学素养不高、对科学认知存在偏差,一些不实谣言打着"科学"的旗号加剧了公众恐慌心理。① 政府在舆情管理中应高度重视应急科普工作,因为应急科普可以使公众意见具有更大的社会促进或修正势能,进而引导公众行为。② 但是,对于应急科普的概念,特别是日常科普与应急科普之间是并列关系还是包含关系,学界尚存分歧。例如,有人认为,应急科普不仅包括在突发事件中普及相应的知识和技能,也包括日常防灾减灾知识的宣传,是一种常态化的行为。但是,也有人认为,突发事件的发生是应急科普的前提,应急科普是一种非常态化的科普。无论何种理解,有一点是明确的,即公众一旦有科普需求,政府就应当及时组织开展科普服务供给,让他们能获取到需要的知识。

---

① 霍良安,黄培清.科普教育及媒体报道对于不实信息传播的影响[J].系统工程理论与实践,2014,34(2):365-375.
② 刘彦君,吴玉辉,赵芳,等.面向突发公共事件舆论引导的应急科普机制构建的路径选择:基于多元主体共同参与视角的分析[J].情报杂志,2017,36(3):74-78,85.

回归现实,由于存在政府应急科普机制尚不健全、应急科普供给不足、优质科普内容生产者缺位、科学共同体声音"隐身"、常态化协作联动辟谣机制亟待建立等问题①,在舆论多元化的传播生态下,公众经常难辨真伪,进而影响舆情走向②。此外,科学家并不能有效发声、媒体科普存在"有普无科"等问题,也影响了应急科普的实际成效。③ 基于现实问题,研究认为,需要完善应急科普的顶层设计,可以在应急管理部门设立应急科普工作机构,加强对应急科普的热点监测与预判,从而提升应急科普的有效性。④ 成立应急科普委员会,重点发挥地方科协和全国学会"一体两翼"的组织优势⑤,发挥科技社团作用,组织专家针对突发热点事件及时发声⑥。研究进一步指出,科普的定位要具有以公众为中心的科普服务意识;科学家要真诚平等地与公众进行互动交流;科普媒体要以公众需求为导向,用多元化的手段或方式让科学与公众对话;科普内容建设的重点是能够结合公众的日常生活需求,建立起高效的反馈响应机制,公众可以随时找到所需的知识及咨询的渠道;应急科普机制要能够充分调动公众参与的积极性,使公众的切身利益得到及时有效的回应和保障,在互动参与的过

---

① 汤书昆,樊玉静.突发疫情应急科普中的媒体传播新特征:以新冠疫情舆情分析为例[J].科普研究,2020,15(1):63-69,108.

② 王井.科学谣言传播内容分析:以 2004—2014 年科学热点事件为例[J].江苏科技信息,2018,35(4):62-67.

③ 李红林,钟琦,王大鹏.科普:科学家和媒体都要拼[J].博览群书,2015(3):25-28.

④ 滕亚为,赵传方.应急管理法治体系的完善路径[J].重庆行政,2021,22(1):72-75.

⑤ 张艳欣.从新冠疫情看科协如何发挥群团组织作用[J].今日科苑,2020(2):12-14.

⑥ 张理茜,王孜丹.我国科技社团参与应急科普的问题及对策研究[J].学会,2018(2):14-19.

程中促进科学与公众和谐共处、协调发展。① 要加强应急科学与工程建设,全面强化应急教育体系,挖掘应急科普走入基层群众的有效路径及模式。② 此外,还有人提出,要完善国家科普基础设施体系,大力推进科普信息化,实施科普基础设施建设工程,积极建设专业特色科普场馆和基层科普基础设施。③ 培育应急管理的预防文化,推动应急教育日常化④,在科技馆中增加应急安全体验教育⑤。此外,需要创新应急科普方式,强化应急状态下模拟情景式的学习与体验⑥,等等。

由于应急科普是国内独有的词,在国际学术领域没有应急科普这一概念,与科普对应的概念是科学传播,因此,应急科普主要作为科学传播(science communication)或应急管理(emergency management)的子问题研究,而较少作为一个单独问题来研究。近年来,随着科学传播的重要性逐渐提升,间接相关的研究著述也明显增多,研究视角也日益宽泛,既有科学学、传播学的理论角度,也有社会学、心理学等研究视域,相关论文多见于专业科普、传播类期刊,如 *Public Understanding of Science*、*Science Communication* 等。研究认为,社

---

① 朱效民.反思科普,才能应急:以新冠疫情为例谈应急科普[J].科普研究,2020,15(1):27-31,105.
② 钱洪伟.国家突发事件应急体系建设"十四五"规划设计若干思考[J].决策探索(中),2019(10):4-8.
③ 张英.创新建设发展应急科普基地[J].中国应急管理,2021(2):46-47.
④ 张小明.社区应急科普教育要日常化[N].光明日报,2010-05-17(10).
⑤ 岳勇华,何国家.我国应急安全体验场馆的现状分析[J].中国应急管理,2019(11):34-37.
⑥ 翟立原.公民科学素质建设的实践探索[M].北京:科学出版社,2009.

会公众是感性与无意识的群体。① 既然科学技术已经在社会生活中得到极其广泛的应用,那么,政府需要重视科学的社会化传播,因为,科学传播有利于建立一个抵抗无知、促进理性科学思考的社会。② 然而,不同学者对科学传播的理解并不完全相同。在以往的研究中,基于对科学传播的不同理解,科学传播概念模型有三种模式:公众理解科学(PUS模式)、公众参与科学(PES模式)以及策略性科学传播(SSC模式)。③

随着涉科学议题的公共突发事件日益增多,科学家需要更多地参与公共舆论的引导。面对舆情,科学传播的难点在于科学家与公众价值观的分化④,因此,不少研究学者倡议科学传播需要从缺失模型(deficit mode)转向对话模型(dialogue model)与参与模型(engagement model),从单向传播转向网络互动传播,注重不同事件下的情境化科学传播(contextual science communication)。

2020年以来,随着疫情全球大流行,国际科普领域的学者对防疫传播、健康传播问题的研究明显增多。例如,Michelle A. Amazeen 等人研究发现,抗击新冠疫情过程中,"接种"信息可以提升公众认知,使公众对错误信息产生"免疫"作用,进而起到"预防"和"治疗"效果。⑤ 换言之,有效地向公众传递科学信

---

① 勒庞.乌合之众:大众心理研究[M].冯克利,译.桂林:广西师范大学出版社,2007.
② Abhay S D R. Science communication as an academic discipline: an Indian perspective[J]. Current Science,2017,113(12):2262-2267.
③ Sabrina H K, Mike S S, David J, et al. Mapping mental models of science communication: how academics in Germany, Austria and Switzerland understand and practice science communication[J]. Public Understanding of Science,2022,31(6):711-731.
④ Schmidt G A, Donner S D. Scientific advocacy: a tool for assessing the risks of engagement[J]. Bulletin of the Atomic Scientists,2017:1-4.
⑤ Michelle A A, Arunima K, Rob E. Cutting the bunk: comparing the solo and aggregate effects of prebunking and debunking COVID-19 vaccine misinformation[J]. Science Communication,2022,44(4):387-417.

息至关重要,公众需要参与信息传递以采取科学的行动。① 身处社交媒体时代,公众理解科学(PUS 模式)正在客观上向公众参与科学(PES 模式)转变是一个不争的事实。但是,在数字媒体日益占据主导地位的当下,公众在能够更多地参与科学的同时,也容易被各种不可信的信息所左右,从而破坏公众对专家和专业信息的信任。专家和公众之间的紧张关系,或者说深度分歧,主要来自于社会文化实践的差异。有人认为专家是公共决策的重要贡献者,然而,专家凭借高度专业化知识而形成的排他性,对于公众而言,在某种程度上既是机遇,又是威胁。② 研究指出,科学传播者不能再仅仅依靠基于理性和事实阐释的传播方式来实现对公众的启迪和说服,提倡用故事结构来实现更有说服力的传播。媒体记者和科学工作者需要更多地去关注如何达成共识以及如何适应完全不同的媒体环境。③

综合来看,现有研究充分论证了建立政府应急科普机制的重要性,并且指出科普需要从缺失模式转向情境模式。不过,目前多数研究选择了信息传播的视角,较少从政府舆情管理和应急管理体系建设的全局角度去研究如何构建政府应急科普机制,这是本书的研究缘由,也是笔者的努力方向。

---

① Elizabeth E R,Hillary C S,Rachel L. Using infographics to reduce the negative effects of jargon on intentions to vaccinate against COVID-19[J]. Public Understanding of Science,2022,31(6):751-765.
② Claudio F,Julian I G,Constanza M. Analytical categories to describe deficit attributions in deep disagreements between citizens and experts[J]. Public Understanding of Science,2022,31(1):70-87.
③ Richard F. The translator versus the critic:a flawed dichotomy in the age of misinformation[J]. Public Understanding of Science,2022,31(3):273-281.

第二章
政府应急科普概述

概念是研究的逻辑起点,最基本的概念往往最难厘清。科普与应急科普,看似简单的概念,但其背后存在着不同的理解和看法。在以往著述中,很多学者对这些概念进行了诠释,但存在明显差异。本章将对政府应急科普的概念及其功能进行梳理或阐述,同时,从理论角度对政府应急科普的行动逻辑进行建构,为后续章节的研究奠定基础。

第一节 政府应急科普的内涵

"应急科普"是我国一个特有的词,衍生于"科普"或"科学普及",国外尚无完全对应的概念。在国内,不同学者从各自研究视角给出了一些界定,主要分歧在于,应急科普是应急状态下的科普还是针对应急需要而开展的科普。关于这个问题有两种看法:一种看法是将应急科普视为在突发事件发生时开展的科普工作,因为应急主要指应对公共突发事件的状态、过程或能力,包括对自然灾害和人为灾害等重大突发性事故的分析与处理。目的是使各类应急救援主体掌握应急科学知识和应急救援技术方法,从而提升政府应急处置能力和社会应急自救能力。它是一种特殊的社会运动,包含其中的应急科普具有不同于普遍社会意义上科学传播的构成要素。① 在这种情况下,公众需要什么,媒体与科普工作者就要马上普及相应的科技知识。② 也就是说,应急科普就是针对突发事件或公众关注的热点问题所开展的科普,属于非常态化的行为活动。另一种看法是,应急科普事关人民群众生命财产安全,事在日常,用在非常,将应急科普视为针对公众在可预见的突发事件中需要掌握的知识与技能而日常性开展的科普活动,属于一种常态化的行为③④。例如,翟立原研究员认为,应急科普通过普及、传播和教育,使公众了解应急相关的科学技术知识,掌握相关的科学方法,树立科学思想,崇尚科学精神,并具有一定的应用它们处理实际突发问题、参与公共危机事件决策的能力。显然,这种界定基本上是转述"科学素质"的定义,即源自《全民科学素质纲要》中对公民科学素质的界定。该定义主要从应急科普的覆盖面和深度来界定,认为应该包括公共突发事件发生前的科普工作,通过日常科学传播来达到应急状态下的自动预防和免疫的效果。

综合而言,应急科普主要是面向突发性的科普需求而展开的活动,既包括针对公共突发事件或社会热点舆情而密集开展的各种科普服务,也包括防范各类可预见、地域易发性较强的公共突发事件而开展的日常性科普活动。如果从事件的演化阶段去理解,应急科普就是事件发生前、发生中以及发生后三个阶段的全部科普工作的综合。事前应急科普主要针对易发、常发的突发事件进行预防、监测及预警方面的科普;事中应急科普是在事发的短暂时期内迅速采取

---

① 石国进.应急条件下的科学传播机制探究[J].中国科技论坛,2009(2):93-97.
② 郭倩,郝勇.突发性自然灾害应急科普模式的发展趋势研究[J].科技传播,2014,6(5):162-164.
③ 董泽宇.突发事件应急教育初探[J].中国减灾,2014(19):48-50.
④ 蔡文东,庞晓东,陈健,等.在中国特色现代科技馆体系中开展应急科普工作的研究[J].科普研究,2016,11(4):53-56,62,96.

与应急处置和救援相配合的科普行动;事后应急科普主要针对事后重建或总结反思、吸取教训而开展的拓展性科普。

在各类社交媒介、自媒体蓬勃发展的时代,面对公共突发事件,各级政府部门、媒体机构、社会组织甚至个人都会通过各种媒介平台开展应急科普。所谓政府应急科普,是指由政府部门或准政府组织主导开展的应急性科普,虽然这里既包括针对公共突发事件或社会热点舆情而密集开展的各种应急性科普服务,也包括面向各类可预见、易发性的突发事件而开展的常态化科普服务,但是,本书探讨的重点是前者。

第二节 政府应急科普的行动逻辑:三方合作

应急科普的本质是一种传播行为,但是,政府应急科普有别于一般的单一主体传播,其传播主体应该是政府主导的媒介组织与应急科普专家团队组成的行为共同体。[①] 在政府应急科普研究领域,尽管很多学者都意识到政府、媒体、科学家三方主体在应急科普中存在职能错位或角色缺失等现实问题,并指出三方合作的重要性,但是,三方主体在应急科普事务中究竟存在怎样的权力边界,以及如何基于各自权力实现有效合作的问题始终没有从理论上得到廓清。在此,有三个问题需要厘清:

第一,应急科普的核心是科普。重大突发公共卫生事件暗含或催生各类复

---

① 刘彦君,吴玉辉,赵芳,等.面向突发公共事件舆论引导的应急科普机制构建的路径选择:基于多元主体共同参与视角的分析[J].情报杂志,2017,36(3):74-78,85.

杂的科学议题,存在较大的不确定性和风险性,对于非专业领域的人员必然存在各种认知短缺,因此,需要专业的科学家群体(科学共同体,包括政府应急科普专家团队)解惑释疑。也就是说,科学家群体拥有科普内容的生产权和解释权。客观上要求他们具有发起和组织科普宣传,承担科普内容的收集、筛选和制作,选择传播媒介并有直接面对受众实施传播的行动能力。[1] 如果非专业领域的媒体机构自创科普内容并向公众传播,这是典型的媒介权力越位或科学家角色缺失的表现,很容易使科普丧失应有的科学性,引起媒体与科学家群体的分歧和内讧,导致公众的不信任和谣言传播,事实上,这种现象在现实中不无存在。

第二,应急科普的载体仍然是媒介,应急科普需要依赖各种媒介向公众传播。特别是应急状态下,代表政府发声的权威媒体、主流媒体仍是传递权威科普内容的重要渠道。有研究指出,随着互联网特别是移动互联网的发展,公众获取信息日益细分化、个性化、多样化和异质化,网民对科普表达方式由无选择或被动选择,向"有知""有料""有趣""有用"的主动选择转变。[2] 媒介机构具有传播优势,善于将科普专家创造的晦涩难懂的内容通过有效的呈现技术和传播手段变得更加具有关注度和可接受性,在不违背科学性的前提下,让公众更能"愿意看""看得懂"和"信得过",因此,媒介在某种程度上承载了科普内容的二次加工权,但其本质上只拥有内容传播权。然而问题在于,作为事态与受众、舆论与决策的沟通者,媒介在其职能范围内对社会生活发挥重要的支配作用,因此,在应急科普情境中,有必要建立有效的媒介监督机制,防止媒介权力越位、

---

[1] 张君丽.浅析防震减灾科普传播者的任务和技能[J].城市与减灾,2014(4):21-23.
[2] 徐延豪.信息技术革命推动科普革命[J].科技导报,2016,34(12):8-13.

泛化和滥用。①

第三,应急科普需要政府紧急管制权的配合。应急科普的基本情境是应急,在应急状态下,科普工作是政府应急管理的重要手段之一。以新冠疫情为例,科普的目的不仅是在思维意识层次上起作用,让民众了解疫情真相,提升民众防疫意识,而更为重要的是,能够使民众从科学的疫情认知转化为科学的防疫行动,并且,这种行动是从属于政府整体应急管理需要的。在疫情暴发之初,各类科普不仅是为了告知民众"新冠病毒具有较强传染性"这个事实,更多的是要求民众能够自觉佩戴口罩、居家隔离、配合政府的防疫行动。由此而言,应急科普有别于日常基于提升公众科学素养目的的科普,应该是附带一定行政强制的行为,而这种强制来源于政府应急管制权的赋权或合理性外延。诚然,战胜疫情需要科学却不能仅靠科学,在突发性公共卫生事件中需要考量更多制约科学发挥作用的因素,例如公众是否服从科学防控措施而不"明知故犯"②。当然紧急管制权也不能超越应急科普本身所需要的合理限度,否则也会导致防疫行为异化或扭曲,出现类似封门断路等过度过激的防疫行为,最终背离应急科普的初衷。除此之外,在应急状态下,政府需要加强对各类媒体特别是主流媒体和权威媒体的紧急管制,特别是内容监督,防止其出现"科普越权"行为,影响政府应急科普工作的有序开展。

厘清以上三个问题,可以发现,政府应急科普是政府、媒体和科学家群体(政府应急科普专家团队)三方职权合作的行为,其工作流程如图2.1所示。

在应急科普的三方合作过程中,各自职权应该有较为清晰的边界,也就是

---

① 项德生.新闻媒介的职能权力[J].中国青年政治学院学报,2000(4):74-76.

② Cheng X, Chen Q, Tang L, et al. Rapid response in an uncertain environment: study of COVID-19 scientific research under the parallel model [J]. Risk Management Healthcare Policy, 2022(15):339-349.

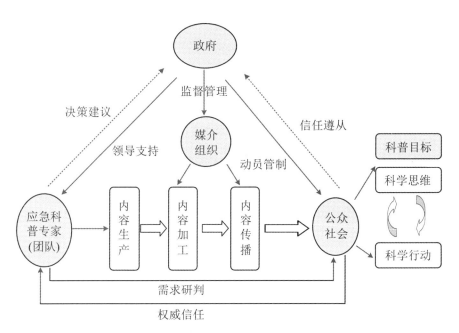

图 2.1 政府应急科普的三方合作过程

说,三方主体共同围绕科学传播链上各项工作各司其职、相互协同,共同为社会公众提供应急科普服务。如果借鉴拉斯韦尔提出的 5W 传播模型来解释,考量应急科普的关键要素有五个:谁(who),说了什么(says what),通过什么渠道(in which channel),对谁说(to whom),取得了什么效果(with what effects)。那么,评价应急科普工作成效主要包括五个维度:传播主体的权威性、传播内容的科学性、传播方式的适用性、传播时点的及时性和传播受众的接受性。

(1) 传播主体的权威性,取决于政府本身的透明度和公信力、媒介和应急科普专家的知名度与权威性。从受众角度而言,科学界与公众之间在知识上的鸿沟是客观存在的。因此,面向公共突发事件,塑造权威性目的在于满足公众知情权的需要,有效提升公众自救与互救的能力。

(2) 传播内容的科学性,是指科普内容本身是否严谨,能否有效帮助公众建立正确认知、指导其科学防灾减灾行动。科学性不足必然会造成权威性消减甚至丧失，使民众更愿意相信非权威、非官方的"小道信息"，导致政府应急科普陷入"自说自话"。

（3）传播方式的适用性，是指采用什么媒体并运用什么方式进行传播，是传统媒体还是新媒体，是单向传播还是互动式传播抑或网络传播，是前期生产录制还是现场直播，这些需要因事而异，因突发事件的情境而设定。

（4）传播时点的及时性，是指应急科普能否跟进事态进展和社会舆论关切点，满足公众的科普需求。这决定了应急科普能否及时平复社会恐慌与焦虑，预防非理性群体行为的发生。首先需要明确的是，传播受众的概念并不是特指一般普通公众，而是泛指全体社会成员，既包括政府应急管理者，也包括各类媒体、社会组织等事件处置的参与者，更包括受事件影响而管制的对象。

（5）传播受众的接受性，主要考量公众在接受科普之后能否在认知和行为上达到应急科普的预期目标，包括对其中的科学问题形成正确的认知，传播正确的言论，自觉抵制"科学谣言"，理性采取科学合理的行动等。

根据以上分析，面向公共突发事件，政府应急科普应该是政府的应急管制权、媒介机构的传播权和科学家群体的话语权三方合作的行为过程。应急科普的成效（受众接受性）主要取决于应急科普是否满足权威性、科学性和及时性要求，而满足这些要求则取决于政府、媒体和科学家三方能否在需求研判—内容生产—内容加工—内容传播的应急科普过程中保持高效协同。从理论上而言，政府应急科普存在的问题可以概括为权威性、及时性、科学性三类问题，而这些问题的根源均可以从三方合作的边界模糊以及协同不力中得以解释。为了进一步验证该理论解释的有效性，本书第六章将以新冠疫情为例，对政府应急科普存在的问题及原因进行分析。

第三节 政府应急科普的功能价值

当前,我国正处在全面建成小康社会、实现"两个一百年目标"的关键时期,加强公共突发事件应急科普工作,对于统筹发展与安全,推进国家应急管理体系及能力现代化建设,实现主动防灾、科学避灾、高效减灾的有机统一,均具有重要的现实意义。

一、防控"科学谣言",消解网络负面舆情

从传播学角度而言,任何人通过网络媒体发表内容和观点都是一种传播行为,个别的网络舆论之所以能够演化为网络热点舆情,是因为舆论所涉及的话题受到人们的广泛关注,并且激发了公众质疑、担忧或愤恨等情绪。近年来,自然灾害、事故灾难、公共卫生事件等各类突发事件不断发生,对地方政府治理能力提出了严峻考验,及时开展应急科普对于正确引导公众认知、为政府应急救援营造积极正向的社会氛围具有十分重要的意义。特别是在涉科学议题的网络热点舆情中,如果公众对其专业知识和科学原理缺乏了解,且政府没有组织开展充分的应急科普,这就很容易给伪科学传播创造空间,出现以假乱真的"科学谣言",混淆视听,误导社会公众的认知与行为。换言之,根据社会热点的生成与演化规律,应急科普可以及时向公众补给其所需要的科学知识,帮助公众建立正确的认识与评估思维,从而对公众舆论进行正确规范的引导,有助于公众缓解不必要的恐慌情绪,提高公众对各种信息的鉴别和判断能力,同时驳斥

模糊、迷信的误解,抑制谣言的生成和传播。[①] 例如,2011年日本福岛核泄漏之后,国内出现了"抢盐风波",为应对各类食盐危机的谣言,政府部门积极组织科普专家利用电视、广播、网络进行知识普及,有效遏制了"抢盐风波"的蔓延,缓解了公众的恐慌情绪,促进了市场秩序恢复平稳。今天,随着各类社交媒体蓬勃兴起,网络"科学谣言"传播形势日益严峻,从"Wi-Fi辐射有严重伤害"到"棉花肉松谣言",从"塑料紫菜假视频"再到"减肥应该拒绝吃主食和油","科学谣言"的种类和数量不断增多,而且涉及民生,更加凸显了加强应急科普的必要性。

二、培训应急技能,提高防灾救援能力

广义上的应急科普,既包括在突发热点事件的应急状态下开展的科普,也包括日常针对各类易发、常发的突发事件开展的应急科普教育。从对象上而言,应急科普既需要面向一般公众开展,同时,也需要面向突发事件的各类救援主体开展。无论何种,应急管理的价值或目标有三点:第一,针对公众而言,应急科普的直接目的是如何说服公众,并使其产生大规模的行为改变。以地震灾害为例,无论是日常性地震科普教育,还是地震发生过程中的应急性科普宣传,均可以通过各种具象化的宣传教育和技能培训向公众展示各种地震灾害的形成过程以及科学避险行为,改变民众的错误观念,提升民众防灾减灾与自救互救能力,最大限度地预防和减少地震造成的损害。第二,应急科普能够科学指导救援力量的施救行动,对于完善国家应急管理体系、提升防灾救灾能力不可

---

① 刘彦君,赵芳,董晓晴,等.北京市突发事件应急科普机制研究[J].科普研究,2014,9(2):39-46.

或缺。针对各类突发事件的施救者而言,特别是政府应急救援力量,加强突发事件过程中的补给式科普支撑,可以有效提升救援力量的科学施救能力,对减轻灾害风险会起到事半功倍的效果。例如,在危险性化学品的爆燃处置过程中,及时有效的应急科普显然可以避免不科学的灭火方式引致的二次伤害。第三,应急科普可以为各类应急决策提供重要支撑。正如研究所指出,应急管理决策是公共突发事件处置的关键,其水平直接关系到公共突发事件的处置效能。以新冠疫情防控为例,中央和各地都构建了防控工作领导小组,负责对防控工作进行总体部署。为确保疫情防控决策的科学性,国家卫生健康委成立了以钟南山院士为组长的高级别专家组,为国家做好疫情防控决策提供科学支持,同时也架设起了疫情防控与公众之间的科学之"桥"。[①]

三、增进社会信任,营造良好施政环境

在科学传播领域,一个基本性共识是科学传播需要从传统的缺失模型(公众因缺乏知识素养而需要主动接受科学)向对话/参与模型(公众可以理解科学并参与科学)转变,注重情境化传播(contextual science communication)。面对公共突发事件,政府、媒体、科学家和公众对同一事件的认知与理解或许存在分歧甚至冲突,但是,不容忽视的是,事件应对及其引发的社会关注恰恰为政府、科学共同体与社会公众之间的对话创造了非常特殊的情境。具体而言,面对公共突发事件,政府、科学家、媒体与公众对科普价值的理解存在分化甚至对立的可能。政府强调科学传播必须服务于应急管理或者是公共利益的需要;科学家

---

① 袁汝兵,王彦峰.发挥科研人员应急科普优势 让科学跑赢谣言[N].科技日报,2020-04-10(5).

进行科学传播首要的是维护其所传播的内容具备科学规范与绝对正确;媒体更看重议题选择的潜在传播力、影响力及其背后的商业利益,而不把内容本身的科学严谨性置于首位;公众更考虑科普对其而言是否具有实际意义或与其的利害关系。也就是说,应急科普的情境本身具有多元价值判断的对立或分异的特征,如果缺乏科学规范的政府应急科普组织工作,取而代之的是各类主体应急科普的"同台竞技",那么极易引起公众认知模糊、分化,进而可能对政府的政策决策产生不信任或采取对立性行为。现实中,公众与政府存在对抗性的问题识别与风险感知已有先例,比如 PX 项目的抵制事件。总而言之,在公共突发事件中,需要政府有组织地开展官方应急科普,通过有组织的行动,在媒体、科学家和公众的价值冲突之间做出必要的调适,管控政府议程、媒体议程、科学议程和公众议程之间的分歧;通过有组织的应急科普减少各自意识与行动上的冲突,最大程度回应公众信息需求,寻求科学共识,增强公众的信息感知和理性判断能力,赢得公众对政府应急处置行为的理解和支持,从而提高政府公信力,为政府各种应急救援行为营造支持性的社会环境。

四、唤醒社会理性,提升公民科学素质

科学普及是实现创新发展的重要一翼,是实现人的全面发展的必然要求。从表面上看,科普最为直接的目的是向公众传播科学知识,使其运用科学的方法去解决现实问题,提高生产效率和生活质量,但是,从深层次上理解,科普的根本目的在于唤醒社会理性,促进科学文化的社会化建构,并让科学精神成为

社会的自觉,让科学成为一种社会文化内核。① 公共突发事件中的热点舆情是民情的表征,具有较强的民意性质。充分认识舆情的这一特质对于理解应急科普的功能极其重要,因为涉科学议题的公共突发事件出现,既是考验政府应急科普能力的时刻,也为应急科普创造了很好的情境或契机。基于应急情境需要开展科普,及时侦测公众科普需求,敏锐抓取公众关心的焦点话题或舆论分歧的问题指向,适时组织科普专家将舆情背后的科学议题进行提炼、挖掘并转化为科普内容资源,利用热点舆情去创造科普热潮,可以提升科普的及时性与针对性,获取较高的关注度,培养公众科学思维与科学精神,增进社会理性。同时,面向突发灾难事故而展开的应急科普,可以通过集中性应急科普有效传递科学知识和科学方法,可以有效提升公众面对类似问题的行动能力,提升社会整体应急管理水平。

五、强化思想引领,弘扬社会主义核心价值观

应急科普本质上是传播科学,而科学的核心是效能问题,其本身不具有思想意识形态的特征。但是,政府应急科普作为政府应急管理的重要手段,体现了突发应急状态下政府的施政理念和政策选择,属于典型的行政行为,其行动逻辑需要完全从属并符合政府整体性应急管理需要,那么,必然彰显其行政理念,有明显的行政价值取向。正如新冠疫情的全球大流行,不同国家采取的应急防治措施是不同的,西方国家普遍采取"群体免疫"政策,而我国采取"动态清零"政策,在政策取向上存在明显差异,那么,不同国家的应急科普虽然不会对

---

① 徐善衍.让科学成为大众的社会文化[N].科技日报,2019-01-10(6).

新冠病毒的结构、传染性、危害性等科学事实存在不同解释。但是，必须承认政府应急科普的目的是在提升公众认知的基础上，增进公众对政府防疫政策合理性的理解和支持。在这里，西方国家应急科普的政策指向必然是"群体免疫"，而我国政府应急科普更多的是服务于"动态清零"的政策需要。从深层次而言，西方国家应急科普体现了"资本至上"的思维，而我国政府应急科普体现了"人民至上、生命至上"的价值观，把人民群众生命安全和身体健康放在第一位，彰显以人民为中心的习近平新时代中国特色社会主义思想的核心理念和价值取向。

第三章
新时代发展与治理的科普新需求

科普要响应时代之变、人民之需,以高质量科普满足经济社会发展需要、国家社会治理需要以及社会公众的民生需求,这是包括应急科普在内的所有科普工作需要明确的基本方向。身处新时代,深刻理解当前应急科普问题需要对新时代的科普供给与需求有一个全面性分析。故此,本章将先探讨新时代的科普需求面的变化和趋势,以此回答科普何以重要,并在哪些领域可以发挥作用,以此阐释当今时代应急科普的功能价值。

第一节 经济社会发展下的科普新需求

高质量科普既是经济社会发展的成果,又是经济社会发展的重要动力源。2016年,习近平总书记在全国科技创新大会、两院院士大会、中国科协第九次全国代表大会上,将科普放在事关科技创新全局的高度作出了"要把科学普及放在与科技创新同等重要的位置"的论断。当前,中国特色社会主义整体进入新发展阶段,突出表现在经济发展正在迈入创新驱动发展的新阶段,社会主要矛盾已经转化为人民日益增长的美好生活需要和不平衡不充分的发展之间的矛盾。面向高水平科技自立自强的目标、以高质量发展推进形成新发展格局,科普工作的基础性、战略性、全局性的地位更加凸显,经济社会发展客观上需要更好地发挥科普的作用。

一、创新驱动发展需要高质量科普同频共振

时代在发展,科普的功能在不断变化。在新民主主义革命时期,社会推崇"德先生"与"赛先生",那个时期的科普承担着反对封建和愚昧的使命。到了社会主义建设时期,为了响应向科学进军的号召,国家大规模开展了群众科学运动,这个时期的科普承担扫盲普科、服务"四个现代化"建设的使命。再到社会主义建设新时期,科普与科学同时迎来了春天,承担解放和发展生产力的富国使命。进入新时代,科普需要发挥与科技创新如鸟之两翼、并驾齐驱的作用,共同承担创新驱动发展、科技强国的使命。

回顾历史,我国传统的科普工作偏重科学知识的传播,公民科学素质水平提升比较缓慢,2010年以后,提升速度明显加快。数据统计显示,2020年我国公民具备科学素质的比例达到10.56%,比2015年的6.20%提高了4.36个百分点(图3.1),圆满完成了"十三五"规划提出的2020年"公民具备科学素质的比例超过10%"的目标任务。① 中国科协对30多个国家和地区进行对比研究表明,一个国家一旦进入创新型国家行列,其公民具备科学素质的比例都超过了10%。如今,我国这一比例已经超过10%,标志着我国已经跻身创新型国家行列,也标志着科技创新发展整体进入了新阶段。现实正是如此,我国当前经济社会发展正在转向创新驱动发展的新阶段,国家科技领域的发展相比较于西

---

① 对于公民科学素质的理解,不同的历史发展阶段有不同的侧重。例如,《全民科学素质行动计划纲要(2006—2010—2020年)》与《全民科学素质行动规划纲要(2021—2035年)》对公民的科学素质的界定就有所差异,前者更强调把普及科学知识作为首要的维度,而后者开始转向更加重要的科学精神的弘扬、科学思想的倡导和科学方法的培育。

方发达国家,已经从跟跑并跑转向领跑的新阶段。正因为科普与科技创新同等重要,那么,科技创新的高质量发展就必然需要高质量科普工作同频共振,未来科普应该在服务国家科技创新、经济社会发展的主战场上发挥更大的作用。具体而言,新时代科普要更加强调科普的价值引领作用,将科学作为一种文化在全社会传播培育,让科学精神、科学思维成为公众价值判断和行动选择的重要基石。因此,未来科普工作的目标应该转向系统性的科学文化建设,即在中国特色社会主义文化建设上要形成独具特色的科学文化形态,使科普在弘扬民族科学家精神等方面发挥重要作用,营造爱科学、讲科学、用科学的社会氛围,有力支撑创新型国家建设。

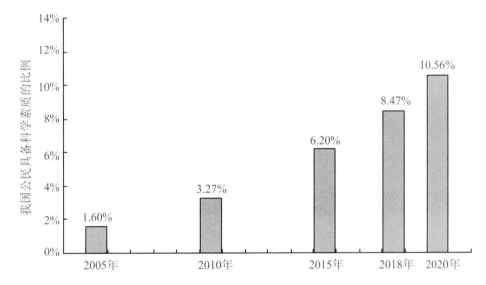

图 3.1 我国公民科学素质发展状况

资料来源:中国科协。

二、重大科技成果问世需科普转向跨学科传播

当今中国,科技发展日新月异,"嫦娥"奔月、"蛟龙"潜海、基因测序、"天河一号"……近二十年来,我国科技创新在深空、深海、深地、深蓝各个领域取得了一大批标志性科技创新成果,让世人对"中国创造"刮目相看。这些成果所涉及的科学技术是广泛且复杂的,具有典型的跨学科综合特征。科技飞速发展客观上需要科普工作提速,也就是科普创作必须要跟上时代发展的需要,不能让重大科技项目、重大科技工程、重大科技成果"养在深闺人未识",更不能让公众包括国外人士对中国的科技战略、科技成就产生误解、误读或曲解,并对科技发展产生阻碍作用。缩小公众与科学之间的距离,为科技创新提供良好的社会氛围,特别是激发青少年对科学的兴趣,为壮大科技人才队伍培养后备力量,这客观上需要通过重大科技成果的跨学科整合性传播,将弘扬科学精神贯穿于科普作品全链条,鼓励科普创作、创新内容传播载体与方式,组织动员科技工作者面向重大题材开展跨学科科普创作,不断增强科普供给源头活力。

三、推动科技成果转化需要重视发挥科普功能

科学技术是第一生产力,通常情况下也是一种潜在的生产力,必须通过转化才能变为现实生产力,而科普则可以加速这一转化过程。自 2015 年《中华人民共和国促进科技成果转化法》修订以来,《国务院关于印发实施〈中华人民共和国促进科技成果转化法〉若干规定的通知》《国务院办公厅关于印发促进科技成果转移转化行动方案的通知》陆续为科技成果转化提供了制度框架。在这些政策文本中,对于如何促进科技成果转化,比较强调科研人员激励作用、中介服

务体系建设、知识产权保护等环节,但对于科普服务对科技成果转化的促进功能重视不足。当前,我国必须大力普及现有科研成果和先进实用技术,尽快把增产增效显著的重大科研成果实用技术大面积推广到实际应用当中去,把科技潜在的生产力变为现实生产力,不断提高科技对经济社会发展质量的贡献,从而保证经济的可持续增长。总之,重视并发挥科普对科技成果转化的促进作用,为科技成果转化搭建桥梁,这是新时代发展对科普工作提出的新要求。

四、经济社会发展需科普产业化与事业化并举而为

科普作为一种社会服务,单靠政府科普事业服务供给模式,难以满足新时代公众对科普服务多元化、个性化的新需求。随着信息技术的发展,科普已经作为一种重要的内容要素与各种传统文化产业有了融合发展的可能,科普＋文学、科普＋旅游、科普＋影视等"科普＋"产业已经成功开辟了产值巨大的新兴市场。这说明经济社会发展需科普产业化与事业化并举而为。实现科普服务供需动态平衡,就必须发挥好市场在资源配置中的作用,推动科普产业化和市场化发展。同时,政府部门需要广泛调动市场和社会力量积极参与科普活动领域,通过供给主体多元化、供给产品差异化来更好地满足公众日益增长的科普需求,从而对科普事业的发展起到更好的资源补充与促进作用。进一步而言,发展好科普产业,则必须要培育一批大型的科普类企业或企业集团来适应日益激烈的市场竞争,打造一批具有自主知识产权、具有较高美誉度和知名度的科普产品品牌,健全科普产品谱系,促使科普产业市场稳步发展。原因在以下三个方面:

第一,科普产业市场正在兴起。鼓励发展科普产业是加强国家科普能力建设的重要趋向,但在网络信息时代,科普产业特别是数字科普产业是一个多业

态融合的产业,它涉及科普与智能、健康、教育、文化、旅游、设计、会展、网络信息等多种产业的结合。当前,各类科普企业机构纷纷进军科普市场,随着科普产业的类别不断分化,聚焦各个细分市场的产业链、供应链、价值链也在探索中逐渐被搭建,这使得科普市场的产品谱系日益丰富。例如,上海科技馆以远古巨兽系列科普电影为蓝本,出版了科普专刊、科普图书与科普漫画,制作了教育资料包,开发了邮品、书籍、APP类文创产品等;果壳网推出了量子积木、果壳Tee等许多蕴含"科学"价值的衍生产品等。

第二,科普产业具有技术成果转化的特征。网络信息时代,科技前沿探索成果不断被推向科普市场,从而创造可观的经济效益。例如,2004—2021年,中国(芜湖)科普产品博览交易会已连续举办九届,累计有3000多家国内外厂商参展,展示的科普产品近4.3万件,交易额达45亿元。[1] 科普市场已经成为技术成果社会转化的重要场域,聚焦社会需求的科普产品呈现"订单式"研发趋势,市场开发前景广阔。

第三,为有价值的知识付费已成共识。很长一段时间,用户获取科普信息通常是以无偿的形式进行消费和传播的,导致优质科普内容的价值很难获得应有的价值变现和转化。近年来,包括微博问答、知乎问答等在内的各类在线知识服务平台开启在线付费模式,为有价值的知识付费逐渐获得消费者认可。在科普领域,这类现象也开始出现,以付费天气节目《天气王国秘密》为例,该产品将气象科普与知识付费相结合,通过气象专家解析大自然奇妙的天气现象,普及正确的气象灾害防御措施,已经收获了非常可观的市场。

---

[1] 凤凰网安徽.第十届中国(芜湖)科普产品博览交易会即将举办![EB/OL].(2021-10-15)[2023-12-14]. http://ah.ifeng.com/c/8AMj30LBiM9.

第二节　国家治理现代化建设下的科普新需求

国家治理的根本目的是为人民谋利益,满足人民对美好生活的向往。政府主导的科普服务作为一种社会公共服务,必然也要服务于新时代国家治理的需要,切实发挥其工具性价值或手段性作用。改革开放以来,我们党在治国理政上取得了前所未有的成就。党的十八大提出要构建系统完备、科学规范、运行有效的制度体系,使各方面制度更加成熟、更加定型。党的十九届四中全会对推进国家治理体系和治理能力现代化进行了全面部署,强调坚持和完善共建共治共享的社会治理制度,这种国家治理变革也是思考科普需求变化不可忽视的时代背景。

一、全面推进乡村振兴离不开科普赋能

乡村振兴是国家治理现代化的有机组成部分,是国家治理在乡村层级的表现。[1] 乡村振兴是一个系统性工程,不仅包括产业振兴,还包括乡村人才振兴、乡村文化振兴、乡村生态振兴等方面,归根结底是提升乡村居民的获得感、幸福感、安全感,满足其对美好生活的期盼。2022 年,中国科协发布《中国科协 2022 年科普工作要点》,对科普服务乡村振兴战略作出了具体部署,要进一步完善科

---

[1] 周文,司婧雯.乡村治理与乡村振兴:问题与改革深化[J].河北经贸大学学报,2021,42(1):16-25.

技助力乡村振兴机制,推动科协系统服务巩固拓展脱贫攻坚成果同乡村振兴有效衔接工作。创新帮扶举措,精准对接定点帮扶县需求,围绕特色产业发展、人才队伍建设、公民科学素质提升、精神文明建设等方面,设计安排帮扶项目,探索帮扶项目长效机制,助力乡村全面振兴。乡村振兴涉及产业发展、居民健康、生态治理等方方面面。科普在很多领域都可以大有作为,不仅能够通过农业科技普及加快新型农机设备、农业技术推广,提升乡村经济发展质量,还能够围绕乡村居民健康与安全领域开展科普,促进乡村文化与乡风文明建设,为全面推进乡村振兴赋能。

二、政府数字化治理转型离不开双向科普

当今世界,全球处于数字技术驱动大变革的趋势之中,世界主要发达国家纷纷将数字技术广泛应用于政府政策决策和社会事务治理。近年来,党和国家高度重视数字技术在国家治理中的重要作用,中央政治局先后围绕大数据、人工智能、区块链技术、量子科技、数字经济等议题进行了多次集体学习,对加强国家治理数字化转型进行了战略谋划和系统布局。习近平总书记强调,"要建立健全大数据辅助科学决策和社会治理的机制,推进政府管理和社会治理模式创新,实现政府决策科学化、社会治理精准化、公共服务高效化"。[①] 党的十九届五中全会提出,要"加快数字化发展""加强数字社会、数字政府建设,提升公共服务、社会治理等数字化智能化水平"。此外,国家在《"十四五"规划和2035年远景目标纲要》中也对"加快数字化发展 建设数字中国"作出具体任务部署。

---

① 习近平总书记2017年12月在中共中央政治局第二次集体学习时的讲话。

通过数字化手段赋能,提升社会治理数字化智能化水平,不仅是更好地解决当前许多社会矛盾和问题的迫切需要,也是有效应对今后国家现代化建设过程中种种严峻风险和挑战的战略选择。但是,数字化治理是一场深刻而系统的革命,其不仅是技术革命,更是治理主体和治理客体的认知革命、思维革命、管理模式革命。以数字化推进治理现代化,需要充分发挥科普的引导宣传作用,帮助领导干部树立正确的数字治理观,提升数字素养,学会利用虚拟政务、智慧服务等数字化平台和信息管理技术,提升治理效能。同时,数字治理离不开治理客体的积极参与,需要借助科普提升社会公众的数字治理参与能力,形成长效机制,构建社会共建共治共享新格局。

三、绿色发展与生态文明建设需要科普助力

习近平总书记指出:"生态环境是关系党的使命宗旨的重大政治问题,也是关系民生的重大社会问题。"2020年9月,习近平总书记在第七十五届联合国大会一般性辩论上宣布,中国"二氧化碳排放力争于2030年前达到峰值,努力争取2060年前实现碳中和"。实现这一宏伟目标与愿景,需要通过科普凝聚行动共识,把建设"美丽中国"转化为全体人民的自觉行动。当前我国处于高质量发展新阶段,迫切需要通过科普来推动"双碳"科技创新,实现低碳科技与经济、政治、文化、社会、生态文明深入协同。"双碳"行动是科学行动,同时也是文明形态和生活方式的转变。这就要求新时期开展好高质量"双碳"科普行动,提高全民应对气候变化的科学素质,增强节约意识、环保意识、生态意识,倡导简约适度、绿色低碳的生活方式。同时,在国际化传播领域,国家也需要借助科普手段,积极表达中国主张,发出中国声音,在国际社会倡导人与自然和谐共生的生态理念,树立"你中有我、我中有你"的人类命运共同体意识,凝聚全球力量,对

全球生态文明建设起到引领示范作用。

四、公共突发事件应对需要重视应急科普

近些年,移动社交媒体的井喷式发展使得公众意见表达更加活跃,社会舆论场的分化与重构进一步加剧,由此塑造了一种以自由、互动、平等、复杂为特征的舆论新生态,这对政府舆情应对与治理提出了新的难题:既体现为应对公众情绪问题的不可控之"难",又体现为治理抉择上对舆情的生成机理解释、问题定性定位以及合理对策选择之"难"。特别是近年来,随着新兴媒介和传播方式不断涌现,在公共突发事件中,复杂深奥的科学议题往往较为引人关注,各类"科学谣言"的传播容易裹挟公众的认知、挑拨愤恨对立情绪、诱导非理性行为,科学议题诱发负面舆情进而演变为政府应急处置的障碍。

习近平总书记指出,全媒体不断发展,出现了全程媒体、全息媒体、全员媒体、全效媒体,信息无处不在、无所不及、无人不用,导致舆论生态、媒体格局、传播方式发生深刻变化,新闻舆论工作面临新的挑战。2020年,党中央针对新冠疫情暴露的治理短板问题,对完善重大疫情防控体制机制,健全国家公共卫生应急管理体系作出重要部署,中国科协、中央宣传部等联合发布了加强应急科普宣传教育的工作方案。可以说,与以往相比,当今时代的舆论环境客观上更需要系统规范地构建政府应急科普机制,并将其全面纳入政府治理的视野,高度重视应急科普在社会认知引导、舆情管控和科学应急救援行动中的指导作用。

第三节　公众对美好生活向往的科普新需求

在网络信息时代，公众信息交互方式正发生急剧变化，公众科普需求无论在内容主题还是表达方式、媒介呈现上都发生了显著变化。传统意义上的科普是由科学家主导的单向传播活动，然而，公众科普需求在网络信息时代已经从"你能给什么"转变为"我想要什么"，突出表现为以下几类正在快速增长的公众科普需求。

一、社会热点事件的科普需求

据《中国科普互联网数据报告2021》，前沿科技（32%）、应急避险（22%）、健康舆情（19%）是2020年度较受公众欢迎的科普主题（图3.2），这三类主题总占比超过70%，且热度已经连续两年排名前三。对比近几年的《中国网民科普需求搜索行为报告》可以发现，公众科普需求的热点化特征比较突出，即与社会热点事件密切相关，呈现阶段性突增现象。这表明公众对公共突发事件或社会热点事件的应急性科普需求在不断增强，公众由传统被动科普转变为主动寻求科普的趋势较为明显，并呈现集中化特征。如2018年，人工智能、量子通信、北斗卫星等系列热点出现，使得前沿技术主题搜索指数年度同比跃居第一。2021年，神舟十三号航天员翟志刚、王亚平、叶光富在中国空间站采取天地互动方式开讲科普课，掀起了全民航天科普浪潮，成为中国科普教育活动覆盖面最大和参与公众最多的一次重大实践。

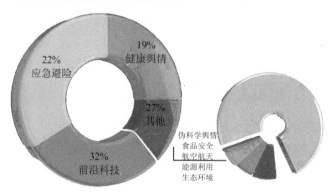

图 3.2　2020 年度受公众欢迎的科普主题

资料来源:《中国科普互联网数据报告 2021》。

二、生产与生活安全科普需求

统筹发展和安全,增强忧患意识,做到居安思危,是我们党治国理政的一个重大原则。党的十八大以来,以习近平同志为核心的党中央高度重视安全生产工作,强调要牢固树立安全发展理念,坚持人民利益至上,始终把安全生产放在首要位置,切实维护人民群众生命财产安全。对于公众而言,安全科普需求所涵盖的领域是极其宽泛的,既有生活领域的安全科普,也有生产领域的安全科普;既有传统消防、交通、作业安全,也有网络时代的信息安全、人工智能应用安全等。总体来看,目前公众在以下三个层面的安全科普需求在逐步上升:

第一,应急避险与公共安全科普。通常包括应对自然灾害、事故灾难、公共卫生事件、社会安全事件、国家安全等方面的安全科普。2023 年,人民日报社高端智库建设平台"人民智库"的一项调查显示,超七成受访者认为,近些年安全问题在我国发展中的"重要性上升"(73.73%),全社会对安全问题日趋关注。而且,维护国家安全、防范重大风险与自身"关系密切"(75.73%),每个人都要当好守护国家安全的"主角"。

第二,公众生产安全科普。近年来,除了传统高危产业存有安全隐患外,高科技发展催生的新行业及其带来的新的安全隐患也在逐渐增多,各类从业就业人员对本行业的作业场域的安全科普需求在不断增加,同时,面向公众传播安全生产理念、普及安全生产常识与应急避险技能也是营造社会整体安全氛围、提升安全生产整体水平的重要手段。

第三,智能应用与互联网信息安全科普。2018年,习近平总书记在全国网络安全和信息化工作会议上指出,没有网络安全就没有国家安全,就没有经济社会稳定运行,广大人民群众利益也难以得到保障。网络安全无论是对国家还是对人民都非常重要,网络安全的建设刻不容缓。加强互联网信息安全科普工作,既是维护人民群众根本利益,又是维护总体国家安全的迫切要求。

三、医疗药品与健康科普需求

人民健康是民族昌盛和国家富强的重要标志,党的十八大以来,以习近平同志为核心的党中央坚持以人民为中心的发展思想,强调把人民健康放在优先发展的战略地位,推进健康中国建设,努力全方位、全周期保障人民健康。当前,人民对美好生活的向往更加强烈,对营养健康与医疗卫生方面产生了更为广泛的需求,特别是如何科学养生健体、预防疾病,包括如何合理饮食、科学运动、保持健康的生活方式等。《2021医疗科普短视频与直播洞察报告》显示,截至2020年底,73%的用户曾在手机端看过医疗科普类短视频或直播内容。除了泛健康资讯外,疾病类科普知识已经成为公众关注的重点。其中,77%的观看科普短视频或直播的用户会和医生互动。另外,《2022年国民健康洞察报告》显示,在健康知识的获取方式上,75%的人会根据个人需求主动搜索,63%的人选择日常关注、定期查看健康知识,仅有23%的人是被动接收平台推送获取健康信息。显而易见,在网络信息时代,人们获取健康知识的主动性明显增强,科普正在向线上问诊、健康管理、运动保健、科学饮食等长尾需求延伸。与此同时,网络上也存在打着"科普"的旗号从事非法营利活动或传播各类谣言的现象,如销售"滴血测癌产品""抗癌神贴""防引力波辐射服"等产品。应对这些乱象,同样离不开更为积极有效的健康科普工作。

四、生态文明建设的科普需求

绿水青山就是金山银山,也是人民群众健康的重要保障,人与自然是生命共同体。作为人类赖以生存和发展的物质基础,环境为人类提供了繁衍与发展所需要的营养物质和生活、生产场所。随着人们的物质生活水平不断提高,人民群众对美好生活的向往越来越强烈,对生态科普的需求也愈发强烈。

习近平总书记指出,每个人都是生态环境的保护者、建设者、受益者,要增强全民节约意识、环保意识、生态意识,培育生态道德和行为准则,开展全民绿色行动。① 生态环境科普工作作为一项面向全民的重要基础性社会工作,是增强全民生态环境意识、倡导生态环境价值理念、建设生态环境文化、提升全民生态环境科学素质的重要途径。以气候变化为例,2022年3月,中国气象局气候

---

① 摘选习近平总书记于2018年5月18日在全国生态环境保护大会上的讲话。

变化中心组织发布"2021年度气候变化十大科学事件",反映了人民群众对气候变化的关注逐渐增加,加强气候变化科普成为人民群众的迫切需要。同时,"碳中和"理念的提出推动了各个行业实施"减碳"行动,有的行业提出了超越发展阶段的目标,有的地方"一刀切"关停高耗能项目,使居民的正常生活受到影响。2021年,中共中央政治局会议提出,要纠正运动式"减碳",坚决遏制"两高"项目盲目发展,防止双碳"跑偏"。因此,契合当前环保形势,加强节能减排、双碳领域的科普工作是生态环境科普工作的重要议题。

五、 公众科普需求的分异特征

关注网络信息时代公众科普新需求,既要关注公众科普需求的走向及其增长领域,同时也要注意公众科普需求在地域、群体等方面呈现的差异化。其中,三个差异化问题尤为突出:

一是科普需求群体存在差异化。对于青少年、老年人、农民、城镇劳动者、公务员五大重点科普对象而言,他们热衷关注的科普主题就有所不同。如2021年《青少年科学看点榜单》显示,青少年的科普需求由20世纪90年代的"打雷要下雨,下雨要打伞"这类常识性科普主题转变为"中国实现'量子计算优越性'里程碑突破"等前沿科技主题。老年人在面对"数字鸿沟"时更期盼信息科技类科普。此外,18岁及以下的青少年群体更倾向选择视频平台获取科普信息,而19岁及以上人群则更加青睐图文类科普内容。

二是科普需求地域存在差异化。2019年第三季度《中国网民科普需求搜索行为报告》的数据显示,不同地区的公众对科普主题的需求程度不同。比如四川省是地震频发地,公众对应急避险类科普信息需求比较强烈;2019年上海刚刚试行垃圾分类政策时,公众对这类科普更为关注;华北地区作为能源利用和开发的重点区域,公众对能源类话题关注度较高。华东、华南地区的科普视频用户相对更多,而针对西南、西北地区,科普图文用户分布相对集中。用户对图文和视频偏好的地域差异可能与经济发展程度存在一定关联。

三是公众对不同科普信息源的信任度也存在差异化。研究表明,虽然公众对网络科普的期望度高,但是信任度低,从科普渠道信任度排名来看,前三名分别是科技馆(65.94%)、科普讲座(59.30%)、图书报刊(58.60%),并没有网络媒介。[①] 其可能的原因在于,网络虽然为公众获取知识提供了便捷,但网络是一个较为开放的环境,各类信息良莠不齐,充斥着以假乱真、亦真亦假或者真假难辨的信息,会影响公众对网络信息的选择和信任。换言之,对于公众而言,他们不仅想要更快速地获取信息,还对信息准确性提出了更高的要求。

---

① 张礼建,冉欢. 西南地区公众科普需求现状研究[J]. 高等建筑教育,2019,28(6):171-182.

第四章
网络信息时代的科普新生态

定义这个互联网赋能的新时代有很多说法,有人将其称为"移动互联时代",有人将其称为"网络社交媒体时代",还有人将其定义为"互联网+时代",总而言之,种种概括旨在表达互联网作为一种信息传播技术、传播载体和传播工具给当今人们的生产与生活带来了巨大变革,本书姑且将其定义为"网络信息时代"。显而易见,包括应急科普在内的所有科普活动本身就是一种信息传播行为,科学认识网络信息时代科普在供给侧发生的深刻变化,有助于我们更好地理解和把握应急科普存在的问题,特别是"科学谣言"传播与舆情生成问题。因此,本章的目的在于阐释网络信息时代的科普新生态,特别是科普领域出现的新方式、新特点和新问题,为后续公共突发事件网络热点舆情的生成机理分析以及政府应急科普机制构建的研究奠定基础。

第一节　网络信息时代的科普新特点

一、科普主体扩增:走向全民科普的时代

长期以来,由于科普工作的专业严谨性,科技工作者一直被视为科普的唯

一主体。进入21世纪以来,随着互联网的飞速发展,信息交互更加方便快捷,人类社会进入网络信息时代,科普已经不仅仅是科技工作者的专属业务,很多非严格意义上的科技工作者身份的社会公众也依托各种网络平台自主加入了科普阵营,成为公众科学传播者。与此同时,科普领域随之出现了众包科普、自媒体科普等新方式,前者如联合国世界粮食计划署开发的"Free Rice"众包科普游戏项目、中国科协与百度百科联合发起的科学词条众包编辑项目等,后者如入选"典赞·2019科普中国"十大科普自媒体名单的"二次元的中科院物理所"等。

网络信息时代的科普正在走向全民科普,由此带来了两个方面的问题:一方面,科普主体的泛化难以确保科普内容质量。尽管科学家群体一直恪守自身科普工作者的合法身份,而质疑和批评公众参与科普的不合规行为及其重要社会危害,但无法否认公众已经参与科普创作与传播活动的事实。另一方面,科普主体与客体的身份界限逐渐模糊,在网络信息交互过程中,作为科普客体的受众在获得科普信息的同时,也会对其进行转载、转发或二次内容创作,从而成为科普主体阵营中的一名新成员。此外,术业有专攻,一名科普工作者在其专业领域是名副其实的科普主体,但在他专业之外的领域却又是一个门外汉,属于被科普的对象。也就是说,在网络信息时代,每个人都有可能成为科普信息的生产者和传播者,但无一不是科普的受众。

二、科普内容创作:需求为王+流量导向

为满足人民群众多样化、多层次的科普需求,网络科普内容生产出现一系列新特点,主要表现在以下几点:

第一,科普内容表达通俗化。今天,依托互联网生产和传播的科普内容供

给变得极为丰富,为了满足公众多层次、细分化的科普需求,科普内容创作追求需求导向和流量导向的趋势十分明显。一方面,在科普的形式与风格上,科普知识更加贴合受众知识接受习惯,从专业术语变成了通俗语言,避免了"术语一长串,行话一大片"的问题。如《湖说天气》为区别于繁琐冗长的文字科普方式,将气象原理、气象本地化特征等通过自制图解简化内容,以便于公众接受和理解;《大头儿子走进中广核核电基地》系列科普动画,用少儿喜欢的IP形象,结合生动有趣的故事叙述方式,让少儿了解核能科普知识。另一方面,科普工作越来越关注流量,流量即关注度和影响力。在网络信息时代,高新科技越来越多地被运用到科普创作之中,大数据云计算的分析方法,能够准确分析出受众偏好及所需,科学计算潜在流量,通过精心设计的科普作品能够有效地面向目标群体开展精准科普,让科普由"大水漫灌"向"精准滴灌"转变。如抖音、微博等依靠数据算法观察公众的网络活动,在编织的内容秩序网格中定位用户的习惯、偏好和需求,进而向其精准推送科普内容信息。

第二,科普内容创作去深度化。随着现代生活节奏逐渐加快,碎片化阅读大行其道,公众获取科普内容的方式也发生了显著变化,公众对科普作品要求不仅有颜、有料,而且要有趣、有品甚至有爱。为了契合公众需求,系统完整的科普知识常被分解成短、平、快的作品,科普创作者常常围绕一个小话题进行微科普,以浅显化的叙事方式开展科普。如2012年的科普节目《飞碟说》,用一分钟科普的形式拉开了国内视频科普领域的帷幕;中国科学技术馆的官方抖音号@神奇实验室曾发布了一条《井水不犯河水》的短视频,在短短15秒内操作完成一个完整的科学实验,向公众揭示了"热水密度小于冷水密度"的科学原理。

第三,科普主题设置热点化。关注热点、贴近生活是当前科普的一个重要标签,"追热点做科普"已经是一种非常普遍的现象。对于科普工作来说,热点广受公众关注,"追"热点开展科普既是契合公众需求的一种表现,也是利用应景性问题提升科普时效性的客观需要。《中国科普互联网数据报告2021》显示，民众重点关注的科普主题通常都和社会热点有关。例如，科普中国抖音号的运营与社会热点紧密结合，第一时间向公众传播科普知识。如今，包括微博、百度、抖音在内的绝大多数平台都设有科普热搜排行榜，并向公众实时更新。同时，为了方便公众获取热点信息，很多网络科普平台都提供了搜索引擎、信息检索端口或专业检索工具。需要补充说明的是，社会热点事件爆发时，科普领域易出现一哄而起的现象，同一时期会出现很多同质化的科普信息，尽管公众可以通过搜索引擎进行检索，但如果缺乏分辨能力，极易出现信息过载、视觉疲劳等问题。除了检索结果超过了公众所能接受、处理或有效利用的范围之外，大量似是而非的"科学谣言"充斥网络，公众无法判断信息真伪，常陷入"雾里看花"的尴尬境地。

三、科普作品设计："科普＋"嵌入式开发

2020年，习近平总书记在湖南考察时指出："文化和科技融合，既催生了新的文化业态、延伸了文化产业链，又集聚了大量创新人才，是朝阳产业，大有前途。"长期以来，我们都将科普视为一种公共文化服务，但是，在大力推进科普产业发展的时代背景下，科普作为一种特殊的文化服务活动，与传统文化形态具有潜在的融合开发潜质。网络信息时代，"文学＋科普""游戏＋科普""诗词＋科普""歌曲＋科普"等一系列新科普产品形态不断出现，表明科普在作品设计上已经出现融合性特征。例如，福建泉州借力海丝文化遗产申遗成功的东风，深入挖掘海丝文化中的气象遗产，推动气象科普与中华优秀传统文化结合，构建"海丝气象"科普品牌体系；《科学大众·小诺贝尔》推出了科普栏目《诗词里的科学》，邀请全国多位科普专家撰稿，每期对一首古代诗词进行科学性解读；

惠州市气象部门推出的《惠声惠色》科普短视频,通过引入诗词普及气象科普知识,提醒公众每个节气的生活注意事项;"寻找最强大脑 H5 游戏"将相关的科学知识转变为智力闯关类的游戏活动;《完美世界》为中国国际航空股份有限公司定制安全乘机主题的科普游戏;@郑州发布在疫情期间制作的歌曲《今年过年不串门》,利用歌曲传播科普知识,让科普走入寻常百姓家。

此外,科普与数字信息技术融合,开发出各种数字化、沉浸体验式的科普新模式。特别是 5G、AI、AR、VR 等新兴信息技术的发展,催生出了大量数字科普新市场,包括一些商业性科普宣教产品的生产与销售。例如,作为华中地区首个综合性高科技公共安全体验馆,湖北应急安全教育实践基地利用虚拟现实技术,让人在"身临其境"中接受灾害预防科普;江苏小七智能科技有限公司利用多体感 VR 模拟技术设施,开发模拟地震、台风等自然灾害的逼真体验系统,传播科学逃生方法,为公众提供安全科普教育。

四、科普传播路径:融媒体与全媒体建设

习近平总书记指出,全媒体不断发展,出现了全程媒体、全息媒体、全员媒体、全效媒体,信息无处不在、无所不及、无人不用,导致了舆论生态、媒体格局、传播方式发生深刻变化,新闻舆论工作面临新的挑战。习近平总书记关于全媒体的重要论述不仅对当前媒介生态作出了精准概括,也指明了当前环境下提升信息传播力和影响力的方向,这对科普工作同样具有重要指导价值。

互联网出现之前,科普主要依靠书籍、报刊、广播、电视等传统渠道,互联网的出现使得科普媒介发生了深刻变革,各种便捷高效的新科普媒介不断涌现。

数据显示,互联网已与电视并列,成为我国公民获取科普信息的首选渠道。①另据调查,2020年排名前几的互联网科普信息媒介是微信、网络新闻、APP新闻和微博。② 在网络信息时代,传统媒体的科普传播方式与新媒体科普传播方式的融合,促进了融媒体③的诞生,科普的路径呈现多元融合已是大势所趋。例如,中央电视台综合频道打造的生活科普类融媒体节目《生活圈》,以"大家帮助大家"为核心理念,通过移动互联搭建全民互助平台,为百姓难题寻找权威解答和实用办法。人民网推出的大型科普融媒体节目《人民冰雪·冰雪科技谈》,以"中国冰雪运动的科技创新之路"为主题,以科普访谈视频、短视频、MV、杂志、书籍、展览等融媒体形式记录科技冬奥的精彩,讲述中国冰雪运动发展和科技创新的新时代故事,留下科技冬奥全景式融媒体历史档案。光明网、中国科技新闻学会和中国科学院科学传播局联合出品的融媒体科普栏目《i 科学》,尝试打破传统的科普模式,在媒体融合的背景下摸索出新的科普之路。科普中国项目团队开展的主题直播活动"关注主播不迷路,北斗带你上高速"中,被称为"北斗女神"的中国科学院空天信息创新研究院徐颖研究员、中国科学院大学科学技术协会吴宝俊、知名航天科普人毛新愿等多位嘉宾在线互动,针对观众的提问进行解答。同时,直播活动与人民日报新媒体、新华社客户端、微博、B站、百家号、知乎、微信、今日头条、快手、抖音等多个平台合作,直播观看量超过600万人次。这些科普活动在传播上均具有明显的融媒体特征。

与此同时,随着传统媒体与新媒体的深度融合,科普也呈现多渠道全媒体

---

① 数据来源于第10次中国公民科学素质抽样调查结果和第49次《中国互联网络发展状况统计报告》。
② 数据来源于《中国科普互联网数据报告2021》。
③ 融媒体是充分利用媒介载体,把广播、电视、报纸等既有共同点,又存在互补性的不同媒体,在人力、内容、宣传等方面进行全面整合,实现"资源通融、内容兼容、宣传互融、利益共融"的新型媒体宣传理念。

传播的趋势,为科学知识的普及增添两翼,形成快速、多样的科学传播生态。例如,《生活圈》通过打造全媒体传播矩阵,实现了电视端及网络端多平台互动;《人民冰雪·冰雪科技谈》在人民网全媒体矩阵播出。同时,在科普全球化的背景下,国际上优秀的科普被"引进来",富有中国特色的科普作品正在"走出去",呈现出"国内国际双向传播"的趋势。例如,北京国际交流协会开展"一带一路"国际科普合作;上海科技馆原创的"中国珍稀物种"系列纪录片在 40 多个国家播映,获得上亿人次观看;上海科技馆制作的 4D 动画电影《熊猫滚滚——寻找新家园》,受邀参加泰国国家科技节,将中国文化输送到共建"一带一路"国家等。

值得关注的问题是,近年来科普自媒体"回形针 PaperClip"的视频问题、"大象公会"涉及的敏感性科普话题,引起了社会各界强烈关注,这类问题反映出,在全媒体时代,各种基于网络而开展的外来科普可能潜藏政治性动机,在科普国际化的大背景下,应高度警惕假借科普之名进行意识形态渗透、危害国家安全的行为活动。

五、科普用户行为:按需获取与交互自由

中国互联网络信息中心(CNNIC)发布的第 50 次《中国互联网络发展状况统计报告》显示,我国网民规模达 10.32 亿,互联网普及率达到 73%,网络传播已经成为这个时代的特色标签。2020 年中国公民科学素质抽样调查结果显示,通过电视、互联网及移动互联网获取科技信息的公民比例分别为 85.5% 和 74.0%,其中将互联网及移动互联网作为首选的公民比例为 49.7%,明显高于首选电视的公民比例(31.9%),体现出公众对科普自主选择性较大的网络媒体更为青睐。此外,从公众获取科技信息的其他渠道来看,统计数据显示依次为

人际传播(36.2%)、广播(32.0%)、报纸(30.2%)、期刊(21.2%)和图书(20.9%)等。另外,根据腾讯公司和中国科普研究所合作完成的《移动互联网网民科普获取及传播行为研究报告》,在科普内容传播渠道上,超过86%的内容分享是通过微信完成的,其中47.3%是分享给好友,39.3%是分享至微信朋友圈。基于各类网络社交平台参与传播分享科普内容,体现了公众科普需求行为存在自主化取向。

众所周知,传统的科普采取"大水漫灌"的方式,存在针对性与传播效果不强等问题。当前,公众更喜欢根据自身实际需求"按需点菜"。例如,科普中国APP设置"我的频道",微信平台开通"订阅"功能,都是为了满足用户根据自身需求定制科普内容的需要。当然,随着网络科普的快速发展,公众对其表达形式的需求偏好也在发生变化。一个明显的趋势是,短、平、快的快餐式作品受到很多公众的喜爱,公众对科普内容表达形式的偏好从之前图文式科普转向视频化、体验式科普,以短视频为代表的科普形式备受推崇,自由交互成为科普受众在科普方式上的新需求。有数据显示,目前,微博、微信、知乎、B站、抖音以及快手6个超大平台典型科普号的日均用户互动达到数千次之多。[①] 科普主客体可以通过网络平台发出自己的声音,并利用弹幕、点赞、评论、转发、直播等操作与他人进行近乎无障碍、多角度、全方位的互动交流。例如,在2020年防灾减灾宣传周中,应急管理部在抖音发起#防灾减灾dou行动#系列活动。各地应急、消防、气象、地震局等政务抖音号纷纷发布相关视频,科普防灾避灾知识,带领大家学习避灾自救技能,相关话题视频观看量超过12亿次。其中,@扬州消防抖音号对其72小时地震夜间实战拉动演练进行了全程直播,主播实时与

[①] 王黎明,钟琦,戴天齐.超大型互联网平台的科普内容生态特点分析:以微博、抖音、知乎等平台为例[J].科技传播,2021,13(23):24-28.

观众进行互动,针对地震如何自救逃生和专业救援进行科普讲解,此次直播吸引了78万多名网友观看。

六、科普工作模式:全链条科普的跨界合作

在当代科普活动中,我们越来越多地看到,科普信息的生产者与传播者常常是分离的,两者之间的分工也越来越明显。生产者更多地出现在幕后,从事内容供给,传播者越来越多地出现在幕前,负责公众传播,形成知识生产—内容供给—技术加工—传播媒介—接受者的全链条科普过程。"指尖博物馆MuseuM"就是典型的案例,上海自然博物馆(上海科技馆分馆)的科学家团队负责选题及内容的策划与科学把关,保证传播内容的科学性与权威性;上海广播电视台纪录片中心的专业视频制作团队负责内容的制作与传播,保证科普微视频的艺术性与可看性;相关领域的视频制作机构、媒体单位提供内容的技术支撑与传播,使科普视频更加具有看点。有学者研究指出,科普工作本身就具有跨行业的属性,需要科普工作者与媒介机构充分合作。另外,公共突发事件除了牵涉复杂的科学议题以外,还经常包括经济、社会、政治、法律等其他议题,高质量的信息传播客观上需要跨界合作,推动跨学科专家来协同开展大科普,这是网络信息时代科普的一个新现象。以"无人驾驶"技术为例,科普会涉及技术、法律、伦理、社会、公共管理等多层面问题。在"科普+"融合传播的态势下,需要寻求科普工作者与其他领域的知识普及者协同合作,在全方位知识普及中传播科学。

现实之发展,政策之呼应。《全民科学素质行动规划纲要(2021—2035年)》中已经提出,要坚持构建政府、社会、市场等协同推进的社会化科普大格局。2022年9月,中共中央办公厅、国务院办公厅印发的《关于新时代进一步

加强科学技术普及工作的意见》再次强调,提出坚持统筹协同,树立大科普理念,加强协同联动和资源共享,构建政府、社会、市场等协同推进的社会化科普发展格局。有学者研究指出,在构建大科普格局下,需要树立大科普理念,科学认识新时期科普在内涵、理念、机制、环境等方面的深刻变化,明确社会各界的科普责任,积极推进科普主体多元化;完善政策体系建设,持续完善科普工作体制机制;大力营造热爱科学、崇尚创新的社会氛围。[①]

第二节 网络信息时代的科普新方式

网络信息时代最为显著的变化是,媒体信息平台交互的自主性增强、信息传播双向互动性不断提升。在信息技术的赋能下,科普在内容设计、形式表达、技术呈现等多方面出现了不同以往的变化,由此形成了多种科普新方式。例如,从传播主体来看,既有政府、媒体、科学机构等组织化的科普,也有科技工作者或者公众开展的个体科普等;从科普形式来看,既有图文科普、短视频科普,也有游戏科普、VR体验式科普;从传播方式来看,既有传统的单向传播科普,也有现场直播、角色扮演等互动科普。在网络信息时代,无论采取何种科普方式,其过程都存在多级传播问题,进而形成各自复杂的传播网络。但是,从信息源头上看,各类科普主体会根据自身资源和个人偏好,选择不同的传播机制,即

---

① 袁汝兵. 以"大科普"赋能新时代科普高质量发展[N]. 光明日报, 2022-09-08(2).

单一媒体传播或多媒体矩阵传播①,来达到科普目的。

在科普新方式不断涌现的过程中,为了增强政民互动,服务民生科普需求,不少政府部门主导建立的政务新媒体也开始增加科普服务供给,代表政府向社会公众开展知识普及活动。政府科普的特点是权威性强、内容严谨、针对性强,但形式较为单一、吸引力有限。同时政府科普规模不大,不少地方政府才刚刚着手建设,一般将科普信息与其他政务信息在同平台同账号传播,导致科普主题性不强且内容更新频率不稳定。需要补充的是,在应急状态下政府开展的科普活动是其中较为特殊的科普形式,一般遵循科普系统论,强调多方面力量共同参与。政府需要统一组织协调,让科学家与传播媒体通力合作,共同回应民众信息需求。

第三节　网络信息时代科普面临的新挑战

一、科普主体泛化加剧公众认知异化

互联网为社会信息传播与交互提供了便捷化的路径,大量社会科普组织以及个人依托各类网络平台参与到科普活动中来,科普主体已不限于科普事业体

---

① 单一媒体传播,指科普创作者仅依靠某一网络平台(如微博、微信、微视频、新闻客户端等)发布科普作品,不利用其他网络平台发布科普作品的科普方式。其特点为稳定性强、辨识度高,但相较于多媒体矩阵传播来说受众覆盖面小。多媒体矩阵传播,指科普创作者利用多种平台渠道发布科普作品的科普方式。

制下的科普工作人员。各类社会组织、个人加入到科普主体阵营，虽然科普内容在量上有较大提升，但其中既有高质量的科普，也不乏低水平科普甚至"名为科普实为言他""名为传播科学实为制造谣言"等伪科普，造成供给侧良莠不齐的问题。最为明显的是，随着科普产业市场的兴起，越来越多的企业或个体利用科普名义打造各种知识服务型产品，但是这些产品的科普只是商业营销的噱头，既无法确保其科普内容的科学性，也没有很好地发挥产品的科普价值，甚至陷入泛娱乐化的泥沼。一言蔽之，当前科普主体出现了严重泛化，科普生态已经进入荆棘与鲜花共生、绿树与杂草共长的"丛林"状态。对于公众而言，这种状态看似满足了公众科普多元化、细分化需求，实则会产生新的问题与困惑。

最为典型的是，科普主体的泛化正在引发社会对科普认知的泛化。科普原意为科学普及，普及的内容仅限于科学技术。而在当前，由于科普主体逐渐泛化，很多人已将科普等同于知识普及，出现历史科普、文学科普等表达。不少自媒体账号以"科普"冠名、不少网络视频或文章内容标明"科普"标签，但是它们却背离了"科学"这一中心主题。例如，2022年底，国家根据疫情形势和病毒变异情况，推进科学精准防控，发布优化疫情防控措施新十条，随后，相关话题在各大社交媒体上广泛传播。一些"阳过""阳康"的网友分享抗疫知识与应对方法，还有一些自媒体公众号推出"科普＋药方"的组合，事实上，由于每个人的个体体质不同，其感染症状和康复过程亦有不同，来自各类科普主体的信息反而让公众莫衷一是，出现盲目购药、囤药、主动找"阳"等不科学的防疫行为。此外，"科普"一词的使用语境在不断泛化，这对科普工作本身会造成误导，容易使原本功能定位清晰的科普概念模糊化。例如，网络上常看到与科学并不相关的内容推送却被贴上了"科普"标签，如一些儿童专属食品宣传的"科学"营养配方，很难说有什么真正的科学依据。

二、信息多元化下的选择困难症

网络信息时代,对于普通公众而言,缺少的并不是信息,而是如何正确选择信息的能力。在专业素养、时间精力均受限的状态下,面对网络丰富多样、真伪难辨的科普信息,公众正确选择符合自身需要的科普信息变得更加困难。特别是对于那些深受"科学谣言"所害者,很有可能出现选择恐惧症。

从近些年流行的热点"科学谣言"中也不难发现,公众对"科学谣言"深信不疑,主要是这些谣言与公众的健康、医疗等切身利益密切相关,而且这些谣言常常高举科普旗号并被"精心包装",使公众辨别十分困难。① 例如,在短视频社交平台,有视频主播冒充专家进行医学科普并售卖相关医疗健康产品,一旦遭举报,当事人往往会被封号下架处理,久而久之会让很多公众产生固化心理,出现习惯性怀疑,对科学家群体产生不信任。

另外,公众信息选择困难症还归因于海量信息中的优质科普资源稀缺性。众所周知,目前多数科普网站或其他网络科普平台,除了科普内容之外,还包括科技活动新闻、通知等其他内容,内容庞杂多样。此外,学科、行业、地域特色鲜明的网站数量非常有限,受众很难从这些网站系统地获取相关科普知识。② 总之,在信息和知识高度发达的当下,网络信息时代下科普内容存在过剩与稀缺并存的局面,必将进一步拉大数字鸿沟以及不同层次公众的科学素养之间的

---

① 王珂. 公众科普搜索现状及网络科普谣言对策[J]. 青年记者,2020(5):8-9.
② 中国科普研究所. 新媒体科普发展研究专题报告[EB/OL]. (2010-01-01)[2023-12-14]. https://www.doczhi.com/p-122826.html.

差距。①

公众信息选择困难会引发另外一个问题,即网络信息时代的公众,不仅是作为科普受众而存在的,而且是作为网络传播的重要节点存在的,参与科普信息的再加工和再传播,在这个过程中,普通公众会因为自身缺乏辨识能力而错误参与了"科学谣言"传播,而且网络人际传播一般会通过近亲、朋友圈等现实人际关系较为密切的圈群进行,潜伏性强且易被信任,这样可能造成不可预知的后果,尤其在公共突发事件中更为明显。

三、网络科普缺乏创作门槛和"把关人"机制

网络是一个自由度高、门槛低的平台,"人人都可以是科普生产者、人人都可能成为科学传播者",由此产生了一个人员庞杂的网络科普工作者群体。以新浪微博为例,截至2020年5月,以"科普"为关键词检索微博用户数,得到结果为:微博用户共28691个,其中专业机构认证的用户2491个,占比为8.7%;专业个人认证的用户有4115个,占比为14.3%;其他均为普通个人,占比为77%。由此可见,非专业的科普用户占绝大多数。大量非职业科普工作者加入网络科普队伍,必然带来专业与草根、独具匠心与粗制滥造、科学与伪科学并存的问题。正如研究所指出,低门槛的网络科普内容创作带来的主要问题在于科普内容缺乏科学依据和科学内涵、知识陈旧老化、伪科学泛滥。② 此外,网络作品易于复制、转发,许多用户通过复制和拼接,进而参与二次传播,致使科普作品大量重复出现,水平参差不齐,降低了整体科普内容供给质量。例如,2022

---

① 包红梅.新媒体环境下的科学传播研究[J].内蒙古社会科学,2020,41(4):199-205.

② 刘嘉麒.科学性是科学普及的灵魂[J].科技传播,2017,9(21):3.

年12月,在一场"消防安全知识云课堂"直播中,自称"消防安全专家"、供职于"平安消防中心"的"杨老师"却主要忙于兜售各类消防器材、救生设备。通过北京消防安全部门证实,此类器材设备售价是正常市场价的3至10倍,"平安消防中心"也并非权威消防安全相关组织。①

  科普首先需要确保科学性。在网络科普过程中,由于缺乏严格的监管和审核机制,容易出现低质科普甚至伪科普。原因主要有两个方面:一方面,大量网络科普从业者并非专业出身,缺乏专业的科学知识和科普训练,出于各种动机目的,他们有意或无意地制作或传播了伪科学信息。比如,短视频科普中常见的"花椒用得好,生活没烦恼""大蒜搭配好,疾病都赶跑""生姜加一物,疾病都让路"等,科学与谣言夹杂其中,真伪难辨。另一方面,网络信息生产不仅量大庞杂,而且信息传播存在多级化、网络化、隐匿性等特征,科普信息的审核难以建立有效的"把关人"机制。有些企业出于营利性目的,通过"标题党"等博眼球的方式吸引公众注意力,在科普文章或者科普视频中植入广告和有害信息,致使消费者利益受损。例如,一些媒体在护肤等主题的科普文章后面链接上违法产品,造成受众买了产品却损害了身体健康。对于此类问题,网络平台由于不具有执法权,仅通过封号、下架等方式对原创者进行处罚,难有实质成效。政府部门由于执法资源有限,一般采取"不告不理"原则,难以进行预防性治理,而只能采取事后治理,很难彻底根治。

---

  ① 杰文津.新华调查:假培训真坑钱!多部门综合施策治理消防安全假培训[EB/OL]. (2022-12-21)[2023-12-14]. http://m.xinhuanet.com/bj/2022-12/21/c_1129222882.htm.

四、科普泛娱乐化消解科普功能价值

进入网络信息时代,在科普表现形式上,"文学＋科普""游戏＋科普""诗词＋科普""歌曲＋科普"等新科普形式不断出现,它们丰富了科普信息的表达形式和内容载体,增强了公众的可接受度,但同时也带来了科普泛娱乐化的发展态势,造成科普原本功能价值的消减。在不少网络社交平台,一些主播、博主为了博眼球、吸引流量,过分注重科普的娱乐化形式,而不重视科普内容本身是否科学严谨,这使得科普徒有华丽有趣的外表,而缺乏科学思想、科学精神和科学内涵。

科普的泛娱乐化会使得公众习惯娱乐消遣,为满足心理猎奇而忽视真正的科学知识的摄入,造成一些公众思考能力和思辨能力不断走低。面对网络科普影响力的不断扩大,对网络科普内容科学性与娱乐性的权衡已经迫在眉睫。[①]

五、大数据技术应用使科普受众被锁定

大数据技术在给科普工作者带来便利的同时,也带来了一些新的问题。一方面,基于大数据分析的网络科普更契合受众需求,一些科普企业或个人存在功利化倾向,通过大数据分析来按需创作,但公众的需求不一定是合理的,追求浅显易懂、实用相关的科普显然背离了全面提升公民科学素质的科普本源性目标。换言之,如果科普工作者一味地取悦公众需求而不是积极引导公众需求,

---

① 钱斌,张想.基于受众需求的网络科普发展研究[J].重庆邮电大学学报(社会科学版),2020,32(5):101-107.

这不是科普工作的正确思路。另一方面,大数据分析容易使科普受众被锁定。大数据通过对用户的喜好进行追踪分析,并根据用户偏好自动进行科普信息"靶向推送",造成用户接受的信息出现单一化甚至同质化问题,虽然此举能增强用户黏性,使得用户对科普信息的重复使用度、忠诚度大大增强,但同时也容易诱导用户出现思维偏激或思维极化,产生信息茧房效应,表现为用户对相关的科普信息进行选择性过滤,只关注自己感兴趣的科普信息,这显然严重背离了全面提升公众科学素质的初衷。此外,部分科普主体通过大数据分析,过度迎合社会热点以满足多数人的科普需求,缺乏对特殊群体、弱势群体、边缘群体、小众群体需求的关照。

大数据技术应用使科普受众被锁定的另外一层含义在于被科普的公众隐私存在被泄露的风险。在网络信息时代,每个人每时每刻都可能在互联网上留下"足迹",这些"足迹"堆积起海量的数据,维克托·迈尔-舍恩伯格称这一时代为大数据时代。在这个时代,人类不仅是生理、精神层面的人,也是数据化的人。① 大数据是科普信息化建设中重要的信息化手段。然而,不乏一些机构组织在进行数据库建设中,将公众的个人信息、科学兴趣等数据信息窃取后转卖给第三方或其他非法方,导致公众不断接到骚扰电话、广告推销短信、垃圾邮件等。② 因此,科普过程中公众隐私的保护问题也需要引起高度重视。

六、"科学谣言"传播行为的界定不明确

在中文中,存在几个与"谣言"表达相似的词语,如流言、传言、谣传等,这些

---

① 迈尔-舍恩伯格,库克耶. 大数据时代:生活、工作与思维的大变革[M]. 周涛,译. 杭州:浙江人民出版社,2013.
② 冉兴萍,胡俊平,冉欢. 市场机制视域下科普信息化可持续推进的对策分析[J]. 高等建筑教育,2019,28(1):143-149.

词在现实生活中常被人视为同义并替代使用。以上词语尽管词义相近,但内涵有异。在实践中,如果无法正确区分这些词语的细微差异,可能会导致我们无法准确界定真正需要治理的对象,进而影响科普谣言治理的合理性。例如,在新冠疫情中,李文亮医生作为"吹哨人"之一,最早发布了疫情的示警信息,但一开始却被定性为"造谣者"和"不实言论",此事引发了一些学者建议在法律层面上重新界定"谣言"的呼吁。在现实中,由于个体认知的局限性、科学知识的欠缺、事态的变化性,对科普过程中谣言的裁定会出现一定的困难。

此外,"科学谣言"由传统的图文形式转向视频,从"有图有真相"到"眼见为实",增加了内容的迷惑性和辟谣难度。特别是不少"科学谣言"视频制作者通过扭曲科学事实、断章取义、场景拼接等手法,将"科学谣言"塑造成来自权威部门和专家的信息,很难通过简单辟谣予以澄清。这是因为视频越来越成为主流的社会表达方式,除了叙述既有事实,视频中传达出的眼神、表情、语气等场景关系和情感要素更容易影响公众的认知与判断。另外,不少"科学谣言"暗含复杂的科学议题,仅凭政府自身难以达到解疑释惑、正本清源的目的,客观上需要依靠科技工作者群体对谣言进行专业性破解。但是,在网络信息时代,由于各类网络平台对其传播的科普作品很少建立专业的审核把关机制,而政府部门对科普失责行为的监管尚存在主管部门不清、职责不明、监管程序与惩戒机制不健全等问题。一旦出现问题或不良后果,政府部门要么直接以造谣、传谣来进行定责追责,要么难以确定。另外,由于不少地方政府并未建立科学有效的辟谣机制,导致"科学谣言"的治理存在困难。

七、科普失责行为的认定与惩戒面临困难

随着各类新兴社交媒体不断出现,网络谣言隐蔽化传播和网络化串联的特

征更为突出。现实中,很多视频类谣言经常发起于小众化、隐蔽性较高的社交平台,这些谣言通过跨平台转载进行潜伏性扩散,使其很难在早期被侦测,一旦爆发网络热点舆情,常令科学辟谣工作陷入被动:一是不少谣言经过跨平台的多级传播,对其追根溯源比较困难,也就难以对其造谣者和传谣者进行相应惩戒。二是谣言经常出现久辟不绝的现象,不少谣言在转发过程中会被人为重构或注解,掺入了"友情提醒""内幕爆料"等情感元素,致使内容更具误导性和煽动性,使谣言在传播过程中出现"社会流瀑"和"群体极化"现象①,虽然多次辟谣但仍然"死灰复燃"。近年来的"鸡蛋吃太多会升高胆固醇""塑料紫菜""Wi-Fi 辐射致癌"等谣言就是例证。简言之,在科普过程中,从原始知识生产到具象化表达再到社会化传播,整个过程中有多种主体参与,且数量众多。目前网络监管部门对科普信息的监管主要针对违法信息,对各类科普参与主体责任缺乏明确规定,一旦出现过错,就难以界定违法责任主体,导致追责困难。

此外,科普失责行为的认定也有待商榷之处。伪科普并不一定会带来直接的社会不利影响,不同的伪科普主题给社会公众带来的危害是不同的,有直接的也有间接的,有长期的也有短期的,有严重的也有轻微的,其隐含的社会风险是有差异的。以天文物候与医疗健康两个领域为例,伪科普给社会和公众造成的负面影响显然是不同的。前者造成的后果可能是认知层面的误导,而后者的影响可能会体现在个人消费行为上,甚至给公众的生命健康与安全带来危害。如果对伪科普所引致的社会风险与后果进行归责,那么对于伪科普行为的定责就需要因事而异。当前,我们需要警惕的问题是,一些网络公司或平台受资本和利益的驱使将"流量""点击率""下单率"等作为工作标准,假借科学之名来行营利之实,在产品广告中故意夸大其科学功效或歪曲科学事实,以提升价值变

---

① 桑斯坦. 谣言[M]. 张楠,迪扬,译. 北京:中信出版社,2010:8-9.

现能力。

总结而言,对于可能损害国家安全与社会公共秩序、社会公共利益的伪科普行为,各地方政府需要加强监管,结合《中华人民共和国刑法》《中华人民共和国国家安全法》等相关法律规定,明确主体责任,完善追责与惩戒制度体系。

八、境外科普存在意识形态风险

网络信息时代,微博、微信、抖音、B站等新兴媒体以其强大的圈群穿透能力,打破不同阶层、身份、职业之间的沟通壁垒,网络信息的传播对公众的思想观念、立场态度、情绪态度等意识形态层面的影响日益显著。科普涉及公众对科学的认知,也就是公众的科学意识形态。科学知识在普及的过程中,无论以何种形式,不同国家的对外科普都会或多或少地表达各自推崇的科学观、文化观、价值观甚至是政治观,比如在西方国家的政治极化就会左右科普的方向、科普的内容等。[1] 需要承认,科普涉及更广泛的社会、政治和经济因素,科普从表面上来看是在传播公认无误的科学,不包含意识形态的客观行为,而实际上则暗藏某种意识形态输出,特别是应急科普要服从政府应急决策与政策需要,如果听之任之,与政府政策相左的应急科普必然对公共安全体系造成挑战。因此不能忽视科普领域的意识形态问题,在国内科普活动中,我们要防范境外组织开展网络科普活动时进行意识形态植入。

虽然说"科学无国界",但是对科学知识进行传播和普及的过程中面临着一定的选择性,这就是所谓的框架或者说议程设置,在不同预设框架之中必然离

---

[1] 王大鹏. 警惕科普领域的意识形态"侵袭"[EB/OL]. (2021-06-24) [2023-12-10]. https://m.gmw.cn/baijia/2021-06/24/34945709.html.

不开价值观或者意识形态的支撑，同时也暗含着传播者想要植入的理念。虽然无法决定人们对某一事件的具体看法，但可以通过提供信息和议题选择性科普来左右人们重点关注的事实并影响他们持有的态度。例如，新冠疫情肆虐的初期，网络上集中出现大量的失实信息，"口罩消毒残留物是一级致癌物""新冠病毒是'小号艾滋'""接种 mRNA 疫苗会变成转基因人"等谣言在某些网络意见领袖的推波助澜下迅速传播，扰乱了正常的社会防疫秩序，加剧了民众恐慌。在公共突发事件中，如果境外组织所培育的意见领袖借科普有意设置负面议题，"倾销"与政府决策背道而驰的"独家观点"，在科普信息中暗含自由主义、历史虚无主义、民粹主义等错误思潮，并伺机将一些所谓问题的矛头指向体制与政府，推出"体制僵化""官员腐化"等负面议题，必然会造成更加严重的社会问题。[1]

九、科学精神的弘扬不及科学知识普及

2006 年发布的《国家中长期科学技术发展规划纲要（2006—2020 年）》明确了科普就是要弘扬科学精神、宣传科学思想、推广科学方法和普及科学知识，即我们所说的"四科"，目标是提高全民族科学文化素质，营造有利于科技创新的社会环境。然而，现实中我们的科学传播仍以单纯的科学知识内容为主，而对科学精神和文化素质培养方面的科学知识传播明显不足。虽然新媒体时代的科学传播呈现出多样化的形态，但总体上仍以展现科学成果为主，缺少对科学家们的科学精神、科学思维观念等非物质层面的展现。并且，这些内容几乎都

---

[1] 毕红梅,黄祎霖. 重大突发事件中网络意见领袖行为失范及其治理[J]. 理论导刊,2020(10):98-102.

是通过展现科学辉煌的成就和非凡的魅力来勾勒科学形象,很少涉及科学技术给人类带来的负面效应或潜在风险,以及对科学技术伦理的警惕与反思。作为一个整体,科学的探索过程、发现逻辑、隐藏风险、负面效应和伦理问题都是科普不可或缺的内容。全面地传播科学对公众理解科学至关重要,然而,在目前新媒体科学传播热闹非凡的背后恰恰缺少了对科学的客观态度和真正的科学精神①。

自《全民科学素质行动计划纲要(2006—2010—2020 年)》印发实施以来,全民科学素质建设行动取得显著成效,第 11 次中国公民科学素质抽样调查结果显示,2020 年我国公民具备科学素质的比例达 10.56%,突破 10%,意味着我国公民科学素质水平跨入创新型国家行列。新的起点需要有新的转向,科普要强调价值引领作用,将科学作为一种价值观在全社会传播推广,让科学成为大部分公众的价值判断、思维模式和行为范式。现阶段的科普工作目标应该转向系统性的科学文化建设,即在中国特色社会主义文化建设上要形成独具特色的科学文化形态,特别是在弘扬科学精神和民族科学家精神等方面发挥关键作用。

---

① 包红梅. 新媒体环境下的科学传播研究[J]. 内蒙古社会科学,2020,41(4):199-205.

第五章
涉科学议题的网络舆情生成机理

应急科普的重要作用在于提升公众对公共突发事件的科学认知,正确引导各类舆情,消除"科学谣言"。公共突发事件的网络舆情种类有很多,本章仅探讨科学类舆情,即公共突发事件本身包含或由其衍生的涉科学议题引发公众关注讨论而形成的舆情。众所周知,随着移动互联网和社交媒体的迅猛发展,网络已经成为舆情首发地,因此,本章研究的对象是网络科学类舆情(涉科学议题的网络舆情)。在本章,笔者将选取 2011—2021 年国内发生的涉科学议题的社会热点事件,通过案例研究来说明网络信息时代科学类舆情的生成机理,尤其是舆情触发条件和演化规律,为政府在应对处置公共突发事件中识别这类舆情并建立有效的应急科普机制提供支持。

第一节 涉科学议题的网络舆情特征

随着科学与社会的关系日益密切,涉科学议题的网络舆情日益呈现易发、多发趋势。笔者选取了 2011—2021 年国内发生的涉科学议题的典型网络舆情事件,以此作为研究素材,探讨此类舆情的生成机理。这期间典型事件及其引发的舆情如表 5.1 所示。

表 5.1　2011—2021 年典型的涉科学议题的网络热点舆情

年份	事件名称	事件引致舆情
2011	日本福岛核泄漏引发抢盐事件	日本福岛核泄漏事件发生后,因有传言海盐受污染、碘盐能够预防治疗核辐射,使抢盐风潮席卷我国,引发了社会恐慌
2011	上海染色馒头事件	2011 年 4 月,央视财经频道《消费主张》栏目曝光了上海华联、迪亚天天等超市销售不符合卫生标准的染色馒头。根据记者的调查,这批馒头存在过期并重新贴标签后再次上市、生产场地和操作工人不符合食品卫生标准、违规添加防腐剂和染色剂等食品安全问题,引起舆论哗然
2012	黄金大米事件	2012 年 8 月,据国际环保组织绿色和平的曝光,美国塔夫茨大学汤光文等人曾在湖南衡阳某小学开展转基因大米(黄金大米)的喂食实验,利用当地儿童测试转基因大米对身体成长的功效。经媒体报道后引发热点舆情,科研伦理、转基因技术及其食品安全等科学问题成为舆论焦点
2012	甘肃岷县遭遇特大冰雹山洪泥石流	2012 年 5 月,一场突如其来的特大冰雹山洪泥石流突袭了甘肃省岷县,造成当地耕地被毁、房屋倒塌、公路塌方、通信瘫痪、供电中断……经媒体报道后引发公众关注,有关泥石流的成因、爆发征兆与预防等科学问题备受讨论
2013	H7N9 禽流感疫情	2013 年 3 月,国家卫生和计划生育委员会宣布上海、安徽首次发现 3 例人感染 H7N9 禽流感,疫情立即引起社会公众的广泛关注。病毒的变异、检测、疫苗研制以及流感的传染源、传播途径成为媒体和群众关注的热点
2013	黄浦江死猪事件	2013 年 3 月,位于松江的黄浦江二级水源保护区内出现大量死猪等污染物。民众担忧的不仅有部分死猪身上检测出的猪圆环病毒,还有死猪打捞地位于黄浦江上游,正是上海市饮用水的水源地

续表

年份	事件名称	事件引致舆情
2014	广东茂名PX项目事件	2014年3月,在广东茂名发生了抵制PX项目的千人集聚事件。由于人们对PX这种化学物质不了解,公众极力阻止茂名市政府引进该项目,引发热点舆情。与此同时,清华学子维护PX低毒的科学常识引争议,加重了公众猜疑
2014	兰州自来水苯超标事件	2014年4月,从"污染延报"到"政府问心无愧",再到"污染意外监测出来",有关"兰州自来水苯超标"的新闻点接连出现,使得事件自被媒体曝光以来,一直受到公众高度关注。随后查明,兰州自来水苯超标系兰州石化管道泄漏所致
2015	穹顶之下的雾霾	2015年2月,柴静的《穹顶之下》发布后,"雾霾和癌症的关系"等内容受到公众广泛关注,出现"雾霾恐慌"
2015	海南毒西瓜事件	2015年4月,各网络媒体和新闻门户纷纷转载《齐鲁晚报》一篇报道,称山东青岛发生多人食用西瓜中毒事件,报道指出这批西瓜来自海南万宁,引发了公众对食品安全的担忧,导致海南西瓜及其他水果销售受到严重影响
2015	"东方之星"号沉船事件	2015年6月1日,我国长江流域发生了一起特大沉船事故,一艘隶属于重庆东方轮船公司的游轮"东方之星"号从南京开往重庆,这艘游轮于6月1日在湖北省监利县大马洲水道发生沉船事故。引发了公众对气象灾害、船体结构设计、科学救援、公众自救等科学议题的讨论
2015	屠呦呦获诺贝尔奖事件	2015年10月5日,瑞典卡罗琳医学院宣布,我国药学家屠呦呦获得2015年诺贝尔生理学或医学奖,以表彰她在利用中医药治疗疟疾上的新成就。有关屠呦呦的身份与经历、青蒿素价值及中药发展等问题成为舆情热点

续表

年份	事件名称	事件引致舆情
2016	引力波事件	2016年2月,美国激光干涉引力波天文台负责人David Reitze宣布人类首次直接探测到了引力波,整个科学界为之沸腾,有关什么是引力波、引力波与黑洞关系等问题引发了公众热议
	寨卡病毒输入	2016年2月,国家卫生和计划生育委员会官网通报我国确诊首例输入性寨卡病毒感染病例,并通过官方微博发布消息。随后,多家媒体官微转载发布该消息,引发网民热议。与此同时,出现"寨卡病毒源于转基因蚊子"等网络谣言,推升了舆情热度,增加了社会担忧
	AlphaGo战胜李世石	2016年3月,AlphaGo与围棋世界冠军、职业九段棋手李世石进行围棋人机大战,以4比1的总比分获胜,引发了公众对人工智能的热议,包括对深度学习、类神经网络技术以及人工智能发展的争议及担忧等
	连云港反核事件	2016年7月,一篇题为《耗资超1000亿的核废料后处理大厂或落户连云港》的文章在社交平台被广泛传播,后被当地媒体转载报道后引发市民的强烈愤怒。后经调查,最初的报道将"中法合作核循环项目"误解为"核废料后处理大厂",导致市民普遍担心其存在放射性污染以及核爆炸等威胁,随后酿成舆情并引发街头抗议活动
2017	塑料紫菜事件	2017年2月,微信群里流传着"市场上的紫菜是用塑料制成"的视频。在视频中,一人把泡在碗里的紫菜撕扯开,向观众展示塑料紫菜是用废旧的黑塑料袋做的。后经证实,该视频属于伪造
	"天眼"首次发现脉冲星	2017年10月,中国科学院国家天文台举行新闻发布会,公布中国"天眼"FAST首次发现2颗新脉冲星,这是中国射电望远镜首次发现脉冲星。同年12月,FAST再次发现3颗脉冲星并获得国际同行确认。根据科普中国的统计数据显示,在大量媒体报道和网民关注驱动下,"天眼"首次发现脉冲星成为当年第四季度最受瞩目的科学事件,有关射电望远镜、脉冲星、中子星逐渐成为舆情的焦点
	北京大兴11·18火灾事故	2017年11月18日,北京市大兴区西红门镇新建村发生火灾。火灾共造成19人死亡,8人受伤。起火原因是埋在聚氨酯保温材料内的电气线路故障,遇难者死因均为一氧化碳中毒。其中保温材料、火灾逃生等科学议题引发广大网友讨论

续表

年份	事件名称	事件引致舆情
2018	长春长生疫苗造假事件	2018年7月,长春长生生物科技有限责任公司被内部员工举报疫苗造假。随后,国家药监局会同吉林省局组成调查组进驻企业展开全面调查。与此同时,一篇名为《疫苗之王》的文章迅速火爆微信朋友圈,这篇文章将疫苗安全问题推至风口浪尖。疫苗造假事件引发了公众对疫苗安全、疫苗监管等话题的讨论
2018	鸿茅药酒事件	2018年1月,内蒙古凉城警方以损害商品声誉罪跨省抓捕医生谭秦东,源于其之前曾在相关社交媒体发表了一篇名为《中国神酒"鸿茅药酒",来自天堂的毒药》的网帖,引发了公众的热议,相关议题被大量挖掘和讨论,其中包括鸿茅药酒到底是什么酒、有无药用价值等涉及医药科学问题
2018	基因编辑婴儿事件	2018年11月,南方科技大学副教授贺建奎宣布一对名为露露和娜娜的基因编辑婴儿在中国健康诞生,由于这对双胞胎的一个基因经过修改,她们出生后即能天然抵抗艾滋病。这一消息迅速激起公众对科学伦理的讨论,引发了公众特别是科学界的质疑与谴责
2019	江苏响水化工厂爆炸事故	2019年3月21日,江苏省盐城市响水县天嘉宜化工厂发生特大爆炸事故,造成重大人员伤亡。事故发生后,苯爆炸、污染废水外溢等问题引发公众关注,成为热点议题。与此同时,大量"科学谣言"流行网络
2019	3·30木里县森林火灾	2019年3月30日,四川省凉山州木里县发生森林火灾。四川森林消防总队凉山州支队指战员和地方扑火队员在海拔约4000米的原始森林展开扑救。扑火行动中,受瞬间风力、风向突变影响,突发林间可燃气体爆燃,造成27名森林消防指战员和4名地方干部群众牺牲。在此次事件中,公众对火灾起因、避险逃生问题产生了强烈的科普需求
2019	非洲猪瘟疫情	2019年,非洲猪瘟疫情在全国多地持续,全年共发生疫情44起。此次疫情引发了公众对于"猪肉还能吃吗"的担忧

续表

年份	事件名称	事件引致舆情
2020	新冠疫情暴发	2020年初,湖北省武汉市部分医院陆续发现了多例有华南海鲜市场暴露史的不明原因病例,证实为新型冠状病毒感染引起的急性呼吸道传染病。武汉抗疫引发了公众对新冠病毒及其传播路径、科学防疫措施的广泛讨论
2020	郴州奶粉事件	2020年5月,有媒体报道,湖南郴州永兴县多名孩子出现湿疹,体重严重下降,头骨畸形酷似"大头娃娃",还有不停拍头等异常情况,被确诊为佝偻病。经调查,他们都食用了一款名为"倍氨敏"的冒充特医奶粉的固体饮料。该事件引发了公众对国内食品安全、问题奶粉的担忧
2021	甘肃省白银市景泰县马拉松事故	2021年5月22日,在甘肃省白银市景泰县举办的山地马拉松百公里越野赛发生意外。受突变极端天气影响,在高海拔赛段20公里至31公里处,出现了冰雹、冻雨、大风灾害性天气,气温骤降,最终有21名参赛人员因失温死亡。此次事故不仅引发了公众对赛事应急准备不足的批评,还引发了公众对极端天气、健康运动等科学问题的议论
2021	7·20河南特大暴雨灾害	2021年7月,河南省遭遇历史罕见特大暴雨,多条河流发生超警戒以上洪水,受灾范围广、灾害损失重、社会关注度高。期间,气象预警、科学自救逃生等话题引发公众热议

资料来源:果壳网、科普中国等网站。

网络舆情是通过互联网而展现的一种社会舆论,其本质是大众传播的聚合。对2011—2021年典型涉科学议题的热点网络舆情进行分析不难发现,这类舆情一般具有以下四大特征。

一、正面或负面科学议题均可诱发舆情

每个涉科学议题的舆情爆发都有一个原生的话题或事件,既包括对人类进步与发展产生重要推动作用的重大科技进行正面报道的事件,也包括对人类生命健康、安全与可持续发展等方面存在各种挑战与威胁的负面事件。表 5.1 所列事件中,引力波事件、屠呦呦获诺贝尔奖事件、中国"天眼"首次发现脉冲星等属于正面事件,长春长生疫苗造假事件、基因编辑婴儿事件、寨卡病毒输入等属于负面事件。事实证明,无论是正面事件还是负面事件,均可能会受到公众广泛关注而诱发热点舆情,不是只有负面话题或事件才易诱发热点舆情。《中国网民科普需求搜索行为报告(2018 年)》同样证实,2018 年,人工智能、量子通信和北斗卫星等系列热词频发,前沿技术主题的科普搜索指数同比跃居第一。这说明,随着科学与经济社会发展的关系日益密切,科技日益受到公众的广泛关注,相应的科普需求也在快速增长,因科学议题而引发的热点舆情较以往明显增多。

二、小事件引发大舆论成为舆情新常态

在公共突发事件中,舆情往往与灾情、险情如影相随,这已成为事件本身演化的基本规律。小问题、小话题通过互联网的"放大"或人为解读,很容易形成关注焦点、争议热点,特别在恶意炒作、虚假信息的加持下,极易形成舆情风暴。《中国科普互联网数据报告 2021》统计显示,2020 年全国科普舆情信息总量约为 623 万篇,比 2019 年提高近 50%,增长速度非常之快,其原因主要在于,在自媒体迅猛发展的时代,内容碎片化、载体移动化、传播社交化的趋势日益明

显,一张图片、一个短视频都可以通过网络聚合引发大讨论,形成舆论风暴,小事件引发大舆论成为科学类舆情的新常态。2017年备受关注的鸿茅药酒事件是由医生谭秦东在互联网发表一篇名为《中国神酒"鸿毛药酒",来自天堂的毒药》的帖子而引起的,该帖发出后,各类媒体和公众介入其中,参与事件解读和议题讨论。有关鸿茅药酒的药材到底有无药用价值等科学议题被挖掘,引发争议而发展为热点舆情。

三、网络媒体成为舆情主要爆发场

根据中国互联网络信息中心发布的第50次《中国互联网络发展状况统计报告》,截至2022年6月,我国网民规模为10.51亿,互联网普及率达74.4%。其中,我国短视频的用户规模达9.62亿,增长最为明显,占网民整体的91.5%;网络新闻用户规模达7.88亿,占网民整体的75%;网络直播用户规模达7.16亿,占网民整体的68.1%。数据表明,网络媒介已经成为公众主要的使用媒介,也是公众发表舆论的主要场所。例如,长春长生疫苗造假事件,起因在于一篇名为《疫苗之王》的文章在微信朋友圈快速转发,很快将疫苗安全这一科学问题推至舆论风口。又如,权健事件经某自媒体披露后,立即引发网民关注和热议,不仅在微信公众号收获了"10万+"的阅读量,还在微信朋友圈被大量转载,同时,也登上了微博热搜前列和各大新闻客户端的显著位置,随后形成热点舆情。诸多案例表明,网络媒体已经成为当前公众接受和传播信息的主要渠道,互联网已成为舆情主要爆发场域,事态演进随着网民的激烈声讨而跌宕起伏。

值得关注的是,随着网络媒体从网页站点向微博、微信、知乎、B站、抖音等新兴社交媒体扩展,网络热点舆情的爆发场域呈现出隐蔽性和联动性特征。这正在成为新的动向,很多舆情热点源于小众化、隐蔽性较强的社交平台,并通过跨平台传播进而形成舆论上的聚合效应。《2021年中国互联网舆论场研究报告》指出,2021年互联网舆论场正从"议事厅"转向"社交广场",在视听介质带来的情绪震动下,社会舆论演变呈现出新的规律。近年来,社交媒体为公众提供了一个自我表达、随时互动的信息平台,在线直播和圈群转发能够快速进行信息扩散和舆论聚合,从而为舆情生成创造便捷化的条件。问题在于,半封闭式的社交网络正在增加政府舆情侦测和监管的难度,特别是微信朋友圈、排他性社交群、隐蔽式网络社区、网络游戏平台和其他各种提供社交功能的小众化网络平台均存在较为隐蔽的信息传播机制,容易沦为负面信息或谣言的集散地且难以根治。事实表明,近年来的很多热点舆情事件中,部分民众经常使用这些平台扩散不实言论,将简单的科学事实炒作成令人生畏的热点议题,煽动社会民众"线上较真"与"线下对抗",给事件监管和治理带来了各种障碍。

四、情绪迁移超越事实真相的现象突出

有人将情绪迁移超越事实真相的现象定义为后真相(post-truth),并指出,由于利益、技术的深度介入,在很多热点舆情中,真相经过一定的结构性或程序性处理后变得面目可疑,谎话、流言、绯闻以真相的幌子在网络上肆意流传,真相与谎言的边界愈加模糊。[①] 当然,也有人认为,后真相不等于谎言,而是无共识。在后真相时代,各方根据自己的立场、利益等来选择性地对待信息,导致社

---

① 吴晓明. 后真相与民粹主义:"坏的主观性"之必然结果[J]. 探索与争鸣,2017(4):4-7.

会无法建立社会共识,进而撕裂社会。① 在涉科学议题的网络热点舆情中,有时候并不是应急科普不充分,而是滞后于谣言传播和舆论走向,其结果是,真相其实没有被篡改,只是变得次要了。在这种情景下,人们不愿意相信真相,只相信自我感觉,只愿意去听、去看想听和想看的内容,而且容易受非理性舆论的牵引而带入情感,快速产生群体性偏激情绪,导致舆情恶化或次生事件的发生。例如,在连云港反核事件中,专业人士口中名称更严谨的"核循环项目"被误读为"核废料后处理大厂"并被迅速传播,在社交媒体上引起公众普遍愤怒情绪,最终发展到群体聚集反对。又如,在广东茂名的PX项目事件中,尽管政府曾做过有关PX项目的宣传,也对PX物质开展过相关科普,但之前其他地方已经爆发了反对PX项目的活动,网络上一度流行的"PX有剧毒"的信息已经深入人心,公众"谈PX色变、逢PX项目就反"的态度基本固化。因此,对于广东茂名市打算引进PX项目时,公众不愿意了解真相,"宁可信其有,不可信其无"的偏执情绪始终支配着公众的行动。总而言之,后真相是公共突发事件应急科普需要关注的新问题。

第二节 涉科学议题的网络舆情触发条件

如前所述,涉科学议题的网络舆情既有正面舆情,也有负面舆情。本节以负面舆情为例,特别是以舆论对立或分化的情境为例,分析此类舆情的触发条件。

---

① 薛一飞.真相迷失与价值重建:后真相社会及其风险[J].四川大学学报(哲学社会科学版),2021(4):40-47.

一、科学议题与公众利益密切相关

科学类舆情生成的首要条件当然是其暗含科学议题，而且这些科学议题与社会公众的健康安全、未来生存发展等切身利益密切相关，这是引起公众关注和讨论的重要因素。分析前文列举的 2011—2021 年涉科学议题的舆情案例发现，无论是抢盐事件、广东茂名 PX 项目事件还是长春长生疫苗造假事件，这些事件之所以形成舆情热点，是因为事件本身均含有食品安全、环境污染等与公众利益密切相关的科学议题。当然，对于普通民众而言，这些科学议题所指向的科学问题具有一定的复杂性、模糊性或不确定性，在没有接受充分科普的情况下，公众很难理性穿透情绪化的迷雾，以科学理性的思维打破认知隔阂，也就很容易陷入褊狭的认识误区，出现错误的舆论，这是舆情形成的另一个补充条件。例如，2011 年的抢盐事件看似一场"自己吓自己"的闹剧，本质则是人们对碘与核辐射知识的匮乏而引发的群体性恐慌。2016 年 AlphaGo 战胜李世石引发公众对人工智能的热议，反映出公众对包括深度学习、类神经网络等人工智能技术的发展存有担忧，诸如这些与公众切身利益密切相关的科学议题往往是热点舆情的争议焦点。

二、科学议题被挖掘并引发广泛关注

当今时代，随着信息技术和传播平台的发展，由互联网造就的各类新兴媒体改变了传统单向线型的信息传播模式，以自由、互动、平等为特征的网络化传播模式已经形成。一些经由互联网扩散的信息往往会激发社会公众广泛的"线上互动"与"线下较真"。

如图 5.1 所示,以舆论分化型事件为例,科学议题被挖掘并引发网络热点舆情一般需要经历三个阶段。

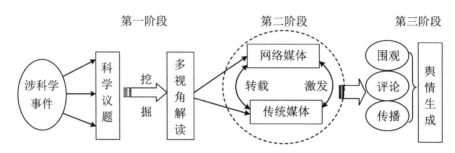

图 5.1 媒体在涉科学议题的网络热点舆情中的作用机制

第一阶段为科学议题被挖掘。公共突发事件发生后,各类媒体(含自媒体)必然会从多个视角对其进行信息解读和传播,事件本身暗含的科学问题逐渐被挖掘。如果缺乏专业科学素养以及科学新闻的报道技巧,一个正常的科学现象或科学问题极有可能在多级传播中形成谬误信息或"科学谣言"。在自媒体时代,作为新闻内容的创作者,每个人都可以通过社交平台或网站进行传播,缺乏有效的信息把关机制往往会难以抑制伪科学的传播,而且有时候传播者并不知晓其真伪。

第二阶段为媒体交互激发。从事件爆发到科学议题被挖掘进而被广泛传播,均离不开媒体的作用。无论其传播的初始媒介是电视、报纸、期刊、广播等传统媒体,还是微博、微信、平台直播等新媒体,相互转载和激发是引发公众关注的必要条件。它不仅能够创造足够的传播密度和影响力,而且能够在相互激发过程中形成循环叠加效应。在负面舆情中,这种激发往往会在较短时间内吸引公众和政府部门对此议题的关注,使媒介议程能够快速转化为政府议程和公众议程,从而形成社会热点舆情。例如,鸿茅药酒事件中,谭秦东医生发文称"鸿茅药酒是来自天堂的毒药",该帖发出后一开始点击量和转载量均十分有限,但最后由红星新闻进行了转载报道,让该事件逐渐在媒体的激发下迅速演变为热点舆情。

第三阶段为话题扩散与舆论分化。在此阶段,社会公众已经对事件有了强烈关注,并且随着舆情的演化,公众和媒体的关注可能由原先的议题扩散到其他相关的议题,进而推动原有舆情发生起伏,如迁移或群体极化。在此过程中,公众在各种信息的感知中逐渐形成了自己的立场和观点,并最终决定其在网络舆论场中作出何种行为选择,尽管这种选择并不一定是理性的,但是它是公众自认为正确的:一是充当看客,不持有明确的态度,仅仅参与围观并等待真相;二是对科学议题及其科普信息存在疑问,但没有发表正面或负面、支持或反对的意见;三是积极发表言论,转发与自身观点相符的各种信息,出现反科学或支持科学的两种态度,当然这并不排除这类人会有意参与或无意散发、传播谣言。总而言之,经过此阶段,公众在舆论场的交互中不断分化,各种舆论在相互交锋过程中得到了不同的支持者,并逐渐集合形成舆情的主流观点。

三、公众对科学议题缺乏足够辨识力

是非止于智者。舆情生成的又一条件是公众对科学议题缺乏足够辨识力,它会影响公众对科学信息的正确选择,容易导致公众失去自我立场,相信各类伪科学并加入其传播阵营,进而在舆论场中盲目站队,加剧舆论撕扯,推升舆情热度。例如,2017年塑料紫菜事件之所以成为热点舆情,是因为很多公众不经求证而盲目相信塑料紫菜真实存在并通过微信朋友圈转发。正如燕志华所言,所谓的网络舆情和网络事件,往往是集体围观的网民依靠臆测、情绪、经验和想象力,集体创作的一个巨大的网络传言、流言的大杂烩。①

　　一般认为,影响公众辨识力的主要因素有三点。第一,是否具备科学精神和评估思维。并非所有的公众都是专家,也并不存在无所不知的公众。客观而言,每个人都存在知识盲区,但自身求真探索的科学精神和评估思维则会直接影响其在面对科学问题时的辨识力和行动力。第二,是否具有强烈的自我偏见。面对纷繁复杂的舆情,有些人更愿意相信自己的感觉。他们面对多元化的舆论时,如果出现与自己立场相悖的言论,他们倾向于无视这些信息,而且,他们很容易受到同类情绪的激化,最终聚合为极端的非理性舆论。例如,在广东茂名 PX 项目事件中,尽管政府和相关机构在项目启动前做了相应的宣传工作,但并未达到预期的科普效果,原因在于,其他城市在此之前已经出现反 PX 项目的事件,有了公众非理性拒绝 PX 项目的先例,导致后期 PX 项目被人为"妖魔化"。社会公众抱着"宁可信其有,不可信其无"的传统心态,质疑专家科普的内容真实性和科普目的。第三,应急科普与公众信息需求不对称。随着舆情的演化,新科学议题不断被挖掘,公众关切的科学问题也会发生迁移或变化。如果政府无法对公众科普需求进行动态识别和准确预判,即使开展应急科普,也会导致科普内容与公众关注的热点不匹配,使科普陷入"自说自话",无法真正起到实效。另外,应急科普主体分散、专家之间的观点分歧也常引发民众焦虑和不信任,这也是值得关注的问题。

四、伪科学传播误导社会公众的认知

　　互联网给人们信息传播带来便利的同时,也使得各种鱼目混珠的信息掺杂

---

① 燕志华."于鑫慧事件"背后:反转舆情的主角常常是女性[EB/OL]. (2020-10-26)[2023-12-10]. https://www.boryou.com/? p=3183,2020-10-26.

其中,特别是专业水军、人工智能机器人参与其间编造的信息。不可否认的是,在涉科学议题的公共突发事件中,如果公众普遍对其中的科学概念与原理一知半解,那么,持有趋利避害心理的人们更倾向于相信传播的负面信息。因此,大量"科学谣言"就会泛滥,进一步加剧公众错误认知和社会恐慌,推升舆情热度或引发新舆情。例如,2015年天津爆炸事故发生后,"氰化物使京津降雨变成剧毒""污染物7小时吹到北京"等谣言在社交网络上广泛流传,不断诱发新舆情。毫无疑问,在这起事件中,"氰化物有剧毒"是科学事实,但是,由此曲解为"氰化物使京津降雨变成剧毒"却是伪科学,其传播无疑会误导公众的认知和判断,加剧公众紧张、担忧与焦虑情绪,容易诱发群体性事件。

诚然,每一个涉科学议题的热点舆情都包含着大量的科技知识,科学议题的专业复杂性会导致公众认知的模糊性或不确定性,容易为伪科学传播创造条件,但是,这些舆情也为科普工作者提供了良好的情境,消除公众认知的模糊性就需要应急科普的介入。从某种意义上而言,应急科普应密切跟进伪科学的传播动向,在主题内容、时机时点、传播视角、传播方式等方面进行策略性回击,从而对舆情引导和事态管控起到积极作用。

第三节 涉科学议题的网络舆情生成机理

目前,研究舆情生成规律的主流视角是信息传播。一个社会热点一旦形成,就会引发政府(含官方新闻机构及其科普平台)、各类媒体(传统媒体、新媒体等)、事件当事人(主要涉事人员、现场目击者、内部知情人、利益相关者等)以及社会公众的传播行为并产生信息互动。社会公众在事件演化中会源源不断地接收来自不同传播源的信息,基于这些多元化的信息进行比较选择,并对事件真相进行重构,对事件本身及涉事主体的是非曲直进行分析判断,进而对其中的科学议题形成自我认知和观点立场,并依据这种自我认知结论来评判政府应急处置行为是否合理、应该怎样处理。①

一、舆情演化过程的公众信息感知

历史唯物主义认为,人类历史的发展是由社会许多不同方向的力而形成的合力所推动的结果,每个人的意志都融合在这合力之中,对合力的形成起着或大、或小、或正、或负的作用。② 社会舆论的产生同样具有这样的规律,尽管每个人对同一问题持有不同的立场与观点,就像对一个物体施加来自不同方向的力,但是,社会舆论是公众言论的集合,代表社会公众的主要舆论导向。尽管其中某些舆论观点是错误的或者偏激的,但是,无论如何,主流舆论导向会成为公众评价政府实际处置行为的依据,也会影响公众对自身观点立场和行为方式的选择。

从科普角度而言,一旦出现涉科学议题的舆情,政府及相关科普平台提供的科普服务会对公众的信息感知产生补给和引导作用,但是,在信息多元化时代,公众接收的科普信息来源却不限于政府及相关科普平台,而是来源于两类:一类是来自政府应急科普主体所传播的信息,另一类是来自各类媒体机构、社会组织或个人所传播的信息(图5.2)。如果这两类信息不存在分歧与冲突,那

---

① 王明.论公共突发事件中信息传播的对称性与政府公信力[J].情报杂志,2015,34(12):116-120.
② 马克思,恩格斯.马克思恩格斯选集:第4卷[M].北京:人民出版社,2005:697.

么,公众一般会容易形成一致性的分析判断和科学认知,也容易对政府舆情处置行为形成合理预期。也就是说,在涉科学议题的公共突发事件中,信息感知与行为期望是分析政府与公众互动关系的关键变量,而应急科普成效是其中重要的调节变量或中介变量。

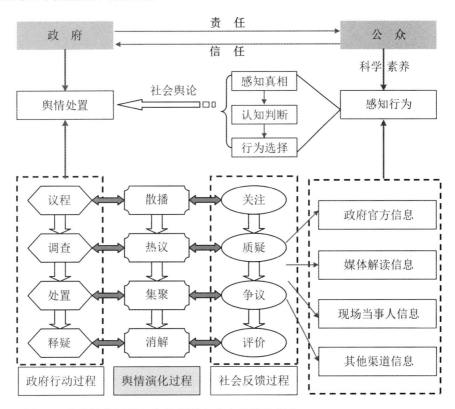

图 5.2 舆情演化过程中政府、媒体与公众的信息交互

为了更深入地分析此问题,我们将涉科学议题的舆情事件中各类信息分为两大类。

一类为客观信息,即客观、真实、完整的原始信息(标为信息Ⅰ类):

① 事件演化所形成的全部客观真相及背景信息。

② 政府针对事件开展的调查、取证以及处理的真实完整的行为信息。

另一类为主观信息，即信息呈现已经进行了不同程度的主观修饰或者内容选择（标为信息Ⅱ类）：

① 事件中各利益攸关方通过各种媒体发布的利己式信息。

② 公众通过各类媒体或者口头传播等其他渠道获知的事件信息和政府舆情处置行为信息，包括各类真实与虚假、科学与非科学、官方和非官方的信息（含解读科学议题的科普信息），最终形成自我感知的信息。

③ 基于公共利益和理性经济人考虑，政府向社会公开发布的信息，包括事件真相的披露信息、针对其中科学议题的科普信息（如化工爆炸物的原料及其爆炸原因）和政府处置行为信息（如采取的现场救援措施以及环境污染防控措施等）。

二、公众信息感知与舆情生成的关系

舆论学研究先驱沃尔特·李普曼认为，在现代社会，媒介充当着人们感知世界的信息中介，现实生活中的人们基本是依托各类媒介来感知客观的世界。毋庸讳言，正是由于传播媒介无法做到真正的客观理性，在传播过程中，传播者会对事件或信息进行选择、加工和重构，或多或少地融入了倾向性观点，因此，人们所感知的世界实际上是媒介所建构的拟态环境。这种环境不仅会影响人们对于事件真相的感知与判断，而且受众是否具备从海量信息中去伪存真的辨识能力也决定了其能否从拟态环境中观察到真相。当今时代，各类网络社交媒介、自媒体蓬勃发展，信息的多元化、多样性和丰富性不可同日而语，微传播正在建构全新的拟态环境。在这种新环境中，公众对圈群信息的依赖、坐等舆论反转的期待以及不同意见阵营的"互怼"与"开撕"，实质上反映了公众信息取舍的片面化与偏激化。

　　面对公共突发事件中的科学类舆情,政府应急科普的目的在于增强社会理性,促进政府与公众之间良性互动,使公众正确感知政府应急处置行为,为政府的应急决策创造正面支持的舆论环境。如图5.2所示,当公共突发事件爆发后,随着舆情的演化,政府与社会公众开始各自采取行动,其中政府展开程序性调查与应急处置,由议程设置到事件的调查取证,再到决策处置和释疑,形成了政府完整的施政行为信息,即信息Ⅰ类的第②种,但这类信息由于公共利益的考虑、决策滞后以及理性经济人的考虑,政府在公布事件真相(含科普信息)及其处置行为的信息时,必然会通过一定的信息审核流程才向社会公布,显然,这类信息也属于选择后的信息,即信息Ⅱ类的第③种。

　　随着舆情演化和政府介入,社会公众也开启了自我信息搜集、真相辨别的行动:首先对事件及其具有敏感传播特质的科学议题产生兴趣,并产生科普需求,然后基于自身的科学知识框架和各种渠道获取的信息去解释事件、理解其中的科学议题以及评价政府应急处置行为的合理性。在此过程中,社会公众会不断通过各种渠道接收来自政府及其科普平台、当事人、各类社会媒体或个人等多种渠道的信息,并通过自身的知识经验进行推理判断,形成自我感知的信息,即信息Ⅱ类第②种。当然,这种自我感知的信息属于主观判断性质的一种信息。对于事件中的科学议题而言,不同媒介所传播的科学或者不科学以及不完全科学的信息会整体影响公众的信息选择与判断。科普是公众形成正确感知的中介变量,会影响公众对事件真相的建构以及对政府处置行为的期待与评价。

　　既然政府公布的信息和自我感知的信息都是基于各自的信息采集与加工机制而形成的主观性表达,这就存在是否与客观事实一致的问题。以社会公众为例,自我感知的信息可能存在以下问题:一是在涉科学议题中,公众自我感知的信息是基于各类媒介经过内容选择后而作出的判断,这种判断与科学真相未必完全吻合。二是社会公众的科学素养不足可能导致自我感知的信息出现谬误却依然固执己见,尤其面对并不常见或专业复杂的科学问题时,社会公众的专业知识与思辨能力必然存在短缺,很难保持应有的理性与耐心,容易受到某些伪科学言论的裹挟而出现感知错误,这种错误又极有可能通过各种传播平台,以"知名人物""网络意见领袖"的身份误导社会判断,进而引发社会信息感知整体出现谬误,诱发负面的沉默螺旋效应,最终导致负面舆情出现、舆情失控或次生事件的发生。

三、信息传播视角下的舆情生成机理

舆情的本质是表征社会公众的关注度,至于舆情所指向的主流观点与立场是正确的还是错误的,对政府应急处置行为表示支持赞赏还是批评质疑,都需要取决于事件或话题本身的信息属性、舆论分化程度与公众的理解。关于舆情生成机理,我们可以从拉斯韦尔的"传播者—媒介—受众"的过程传播理论对其进行简要分析:

第一,从传播源来看,一旦公共突发事件发生,该事件的科学议题能否引起公众关注,取决于最先传播者(信息第一提供者)所提供的信息属性,即重要性与模糊性。其中重要性反映出信息所表征的问题对公众利益的攸关程度,一般认为,某个议题对公共利益的攸关程度会影响社会公众的焦虑感,进而影响社会公众的关注度。模糊性反映出信息所暗含的科学知识、原理的复杂性以及不确定性,这是一个相对的概念,即公众仅凭自身的知识经验去理解问题可能存在困难。笔者认为,涉科学议题的热点舆情的爆发应同时满足重要性与模糊性两个属性条件。

第二，从传播渠道来看，当今的各类媒介不仅仅是信息传播的载体，很多时候也充当了内容生产者或再加工者，特别是各类媒介（含自媒体个人）会基于原生事件进行新闻采编和信息再加工，或者围绕原议题去挖掘更多相关的科学议题，有时候会推升原有信息的重要性与模糊性，导致舆情升温或者牵引舆情发生分化或逆转。比如，一则某高铁顺利开通的正面报道，会引发媒体对高铁辐射隔离、耐高温高压等技术的解读，而后又会引发"高铁辐射有害"等谣言泛滥，从而产生负面舆情。

第三，从受众角度来看，某个议题的媒体报道能广泛吸引公众参与并形成热点舆情最终离不开公众的理解，而理解的本质是基于公众对信息的感知、分析、筛选后作出自我评价的完整思辨过程。在信息爆炸时代，各类新媒体层出不穷，人们感知信息渠道的多元化使其对信息的分析和筛选增加了难度，特别是在观点对立或舆论多元分化的情形下，舆论"撕扯"往往令公众束手无策，难以辨明真相。部分公众在"宁可信其有，不可信其无"的心理作用下盲目选边站队，加入舆论战，从而推升舆情热度。这种现象在广东茂名 PX 项目等事件中尤为突出。当然，如果加入对公众价值观的考量，比如舆论场域中的"意见领袖"持有明确的反科学态度，必然会使此问题变得异常复杂，公众的舆论可能会因此走向偏激化。但幸运的是，随着公民科学素质的提升，固执己见的人只是少数，舆论是广大公众意见的整体性聚合，因而不会受到太大影响，故笔者在此不去展开讨论。

第四节　科学应对网络热点舆情基本思路

一、健全网络舆情的监测与预警机制

公共突发事件中的舆情,本质上表征了社会公众的关注度。热点舆情具有三个要素:事件或话题本身的信息属性(重要性与模糊性)、舆论分化程度(媒介介入强度与议题分化程度)与公众的感知(信息的选择与分析能力)。随着网络信息时代的到来,从微博、微信到平台直播,各种新媒介不断出现。目前,很多舆情事件的爆发正是基于这些新媒介的,因此,政府可以升级传统的舆情监测预警系统来应对传播生态的新变化,可基于大数据管理技术,升级现有的政府舆情分析系统或实施政务舆情监测业务外包,委托给专业舆情分析机构进行舆情监测,定期向受托政府推送舆情报告,并跟随舆情演化动态跟踪提炼舆论焦点和走向,及时向政府部门发出预警信号,由政府部门组织专家进行会商研判并采取相应的行动。此外,对于正在发生的舆情事件,需要加大监测密度,对充当舆情传播重要节点的微信公众号、微博账号、网站、论坛等媒介实施监测,密切关注有关事件的舆论发展动态,同时,在政府各部门之间建立信息共享机制,以便及时采取联合执法行动。[①]

[①] 王一. 新媒体时代食品安全舆情危机处置研究[D]. 济南:山东师范大学,2016.

二、提升政府回应网络舆情的及时性

与以往相比,在网络信息时代,如果政府舆情回应不及时,就会为各种断章取义的虚假信息的传播创造条件,引发各种妄议和不实言论。针对科学议题,政府首先要敢于面对和回应质疑,积极邀请外部专家辅助政策决策,联合开展调查和舆情回应工作,习惯在各种"镜头"下执法,提高政务信息透明度。这不仅意味着在一些虚假信息中,政府能主动将"镜头"对准自己,向公众澄清事实与真相,而且在确有问题的情况下能够主动面对公众的"镜头"并坦诚相告,说明问题与原因,提升民众对政府行为的感知与期待。从近几年涉科学议题的网络舆情的演化规律来看,事件从问题曝光到舆情生成的周期已经越来越短,有效管控舆情亟须政府提升舆情回应速度,主动掌握话语权。在涉科学议题的热点舆情中,由于科学议题的专业性与复杂性,需要政府积极协调科普专家和媒体共同开展应急科普,让社会公众拥有真实完整的信息去客观评价事件真相,减少信息不对称带来的误判误读,防控不实言论通过网络放大而扭曲社会的整体认知。[①]

三、加强政府对外信息传播的规范性

2016年8月,国务院印发的《关于在政务公开工作中进一步做好政务舆情回应的通知》要求,政府舆情回应内容应围绕舆论关注的焦点、热点和关键问

[①] 王明.论公共突发事件中信息传播的对称性与政府公信力[J].情报杂志,2015,34(12):116-120.

题,实事求是、言之有据、有的放矢,避免自说自话。笔者认为,在舆情处置过程中,为了达到上述要求,一方面需要政府各职能部门与内外部新闻媒体建立应急性信息互动机制,在舆情处置中实现信息共享和信息传播的一致性。同时,政府发布信息需加强程序性审查,严控政府内部人员在舆情处置过程中发表自相矛盾或不实的言论,以确保政务信息的权威性。另一方面需要政府完善涉科学议题的网络舆情应对机制,建立规范化的科普专家队伍,加大政府应急科普的平台建设。在舆情事件的演化周期内,政府需要针对舆情事件中容易产生误解和曲解的科学议题组织开展政府应急科普,尽可能规范统一官方科普信息所表达的内容及其观点立场,规范官方信息转载的责任要求,避免信息在转载过程中被曲解。

四、防控网络民粹主义与谣言传播

随着互联网的兴起与普及,在网络舆情事件中经常会出现民粹主义倾向。近年来,在不少网络热点舆情中,民粹主义往往会诱导社会舆论走向非理性的极端,加剧负面舆情,不利于事态管控。尽管国家已经出台了相关法规,惩戒蓄意造谣、报复和煽动对立情绪等行为,但是,相关预防惩戒制度仍然不够健全,尤其在舆情潜伏期的网络民粹主义预防与惩戒方面有待强化。笔者认为,具有网络民粹主义倾向的人群往往是歪曲事实真相、蓄意制造谣言的主要群体。未来需要规范网络舆情的信息转发制度,可以考虑将转载转发行为纳入个人或组织社会信用评价体系,以减少不经查实随意转发等问题。在舆情爆发期间,政府可以与科普专家、知名网络媒体联合组建应急性信息联合发布平台,开辟解疑释惑专区和辟谣板块,减少网络民粹主义与"科学谣言"的结合空间。在舆情演化过程中,对网络民粹主义行为由公安机关、网络监管部门依法依规进行处理。

第六章
个案透视：公共突发事件的政府应急科普效能

新冠疫情是我国进入移动社交媒体时代首次出现的重大突发公共卫生事件。显而易见，在抗击新冠疫情过程中，应急科普正确引导了公众认知，缓解了社会恐慌与焦虑，提升了群防群治能力，为全面打赢这场全民阻击战发挥了极其重要的作用。但是，这次疫情也暴露了当前地方各级政府在应急科普领域的短板与不足。特别是在政府与媒体、防疫专家协同开展科普宣传的组织机制、权威专家的发声、优质科普资源的精准推送等方面，存在欠规范、缺乏统筹等问题。前文基础理论部分已经阐释，面向公共突发事件，政府应急科普是政府的应急管制权、媒介机构的传播权和科学家群体的话语权三方合作的行为过程。本章以新冠疫情暴发初期的防疫科普为例，通过个案分析来透视当前我国政府，特别是地方政府的应急科普现状、不足及其实践进路。

第一节　新冠疫情暴发初期政府应急科普工作及其成效

2019年底，国内新冠疫情暴发（暴发初期的主要事件及其时间节点见后文）。党中央高度重视、沉着应对，制定周密方案全力做好各项防控防治工作。习近平总书记亲自指挥疫情防控工作并多次作出重要指示，要始终把人民群众生命安全和身体健康放在第一位，强调高度重视科技力量在疫情防控中的重要作用,秉持科学态度、坚守科学认知、坚持科学防控。他强调,"提高治愈率、降低病亡率,最终战胜疫情,关键要靠科技""人类同疾病较量最有力的武器就是科学技术,人类战胜大灾大疫离不开科学发展和技术创新"。

新冠疫情暴发初期的主要事件及其时间节点:

2019年12月,武汉市陆续发现华南海鲜市场暴露史的不明原因病例。

2020年1月20日,钟南山院士表示新型冠病毒存在人传人现象。

2020年1月23日,武汉"封城"。

2020年1月26日,全国暂停经营团队旅游及"机票＋酒店"旅游产品。

2020年1月29日,全国31个省、自治区、直辖市全部启动重大突发公共卫生事件一级响应。

2020年1月30日,世界卫生组织将新型冠状病毒疫情列为国际关注的突发公共卫生事件。

2020年2月2日,武汉火神山医院正式交付。

2020年2月7日,全国16省份一省包一市支援湖北抗疫。

2020年2月8日,武汉雷神山医院交付使用。

2020年2月11日,世界卫生组织宣布将新型冠状病毒感染的疾病命名为"COVID-19"。

2020年2月11日,杭州推出健康码通行模式。

2020年3月1日,香港大学医学院院长梁卓伟分析称新冠疫情全球大暴发已经不可避免。

2020年3月11日,世界卫生组织宣布,新冠疫情从特征上可称为大流行。

2020年3月24日,国际奥委会官宣,东京奥运会延期到2020年以后举办。

2020年3月26日,美国新冠确诊病例超过中国。

2020年3月28日,中国暂停外国人入境。

2020年4月3日,全球新冠确诊病例突破100万例。

2020年4月4日,全球单日新增确诊新冠病例超过10万例。

2020年4月8日,武汉市解除离汉离鄂通道管控措施。

2020年4月15日,武汉火神山医院、雷神山医院正式休舱闭院。

……

疫情暴发后,国务院及国家卫生健康委积极发动医疗卫生战线的科技人员,投入到这场科普战"疫"行动中。一是各级政府部门依托各级科协临时抽调相关专家开展应急科普,代表政府部门进行权威信息发布、政策解读以及为政府应急管理提供决策支持。其中,以浙江省科协为代表的地方科协积极开展应急科普工作,为构建政府应急科普机制提供了鲜活案例。二是中国科协统筹指导各级科协、全国学会力量,通过各种媒介平台向社会公众开展了丰富多样的防疫宣传。例如,中国科协成立了应急科普工作领导小组,并与国家卫生健康委、科技部等相关部委协作,整合科普中国、科学辟谣、数字科技馆等各类媒体平台,普及科学防疫知识与心理健康知识,各类信息累计浏览量超过58亿。其中,科学辟谣平台有效发挥了破谣言、防恐慌的作用,浏览量超过3亿。[①] 湖南省科协组织专家编撰了《新型冠状病毒肺炎大众防护与心理疏导》《新型冠状病毒感染的肺炎防控知识100问》系列科普读物电子书,并通过科普中国、"学习强国"学习平台、湖南智慧教育平台、湖南省卫生健康委健康教育宣传中心等多个网络平台向公众广泛传播。云南省疾病预防控制中心组织专业人员以及临床一线专家,紧急编写了《新型冠状病毒感染的肺炎大众读本》,以图文并茂、通

---

① 怀进鹏.为疫情防控和经济社会发展汇聚科技力量[N].人民日报,2020-03-20(9).

俗易懂的方式,针对有关新冠病毒的各种不正确传言,依据医学理论和科学知识,为大众解答在抗击疫情过程中的疑惑。① 此外,各地科协在推动应急科普、心理咨询服务的同时,组织干部下沉社区,筑牢基层防线,推动服务资源下沉,基层"三长"(医院院长、小学校长、农技站站长)、科技志愿者和科普信息员队伍勇挑重担,工作直达街道乡镇、社区村居等基层一线。② 例如,天津市开启了基层网格化应急科普模式,通过约8.5万科技志愿者和4.5万科普信息员的全域科普,成功实现了全市234个街道、5112个社区(村)全覆盖,累计推送科普信息1000余万条。

总体而言,在新冠疫情应对过程中,应急科普工作的重要性及其价值得到了充分彰显。从现实看,政府主导的应急科普工作有效增强了公众对新冠病毒的认知、自我防控意识和群防群治能力。同时,针对不实谣言而开展的辟谣科普及时还原了事实真相,有效遏制了社会恐慌和防疫失度行为,维护了社会稳定,为打赢这场全民阻击战起到了极其重要的作用。

通观疫情暴发初期的防疫科普成效,人们普遍认为,作为一种重要且特殊的公共服务,及时有效的应急科普不仅可以有效引导公众形成正确认知,缓解社会恐慌和焦虑,维护社会稳定,还可以通过向社会传递科学思维和科学方法,有效提升社会整体治理的效能。从公众角度而言,《李兰娟提倡没毛病不要乱吃药》《钟南山示范如何摘口罩》等短视频在抖音等平台的播放量短时间内破百万,足以说明在面对重大突发事件时,公众对科学、精准、权威的科普服务需求极为迫切。完善政府应急科普机制建设具有重要的现实意义和长远价值,既是

---

① 舒晋瑜.出版界在最短时间出版多种疫情防护读物[N].中华读书报,2020-02-12(2).
② 怀进鹏.为疫情防控和经济社会发展汇聚科技力量[N].人民日报,2020-03-20(9).

补齐当前政府应急管理系统的短板,也是面向未来高水平推进政府治理能力现代化的重要抓手。近年来,党和国家高度重视这次疫情所暴露出来的应急管理短板弱项问题,已经作出推进国家应急管理体系及能力现代化建设的总体布局。与此同时,如何加强突发事件应急科普工作也开始受到科技管理部门、应急管理部门的重视,相关政策已经陆续出台。例如,2020年9月,中国科协、中央宣传部、科技部、国家卫生健康委、应急管理部等部门联合发文《关于进一步加强突发事件应急科普宣教工作的意见》,就进一步加强突发事件应急科普宣教工作提出具体要求和工作部署。

第二节　以新冠疫情透视政府应急科普工作的不足

前文已经从理论角度提出并阐释了政府、媒体和科学家三方主体的职权合作框架(关系模型)。面对公共突发事件,政府应急科普是政府的应急管制权、媒介机构的传播权和科学家群体的话语权三方合作的行为过程。应急科普的成效(受众接受性)高低主要取决于应急科普是否满足权威性、及时性和科学性的要求,而是否满足这些要求则取决于政府、媒体和科学家三方能否在需求研判—内容生产—内容加工—内容传播的应急科普过程中保持应有的协同性。从理论上而言,政府应急科普存在的问题可以概括为权威性、及时性、科学性、协同性四类问题,而这些问题的根源均可以从三方合作的边界模糊以及协同不力中得以解释。为了进一步验证该理论解释的有效性,本节将以新冠疫情暴发初期的防疫科普为例,对政府应急科普工作存在的主要问题及原因进行分析。

一、权威性问题：权威性科普资源缺乏有效整合

新冠疫情暴发后，各级政府部门、媒体、医疗机构、社会组织和个人通过各种平台开展了应急科普工作。公众接受的科普来源较为宽泛，既有代表政府部门、医疗科研机构发声的科普资源，也有各类社会组织、医务工作者、科技工作者甚至一般公众创作的科普资源，当然还包括打着科普旗号实则传播谣言的伪科普资源。现实矛盾在于，一方面是《李兰娟提倡没毛病不要乱吃药》《钟南山示范如何摘口罩》等短视频在抖音等平台的播放量在短时间内破百万，足以说明重大疫情防控中社会公众对权威科普资源的渴求。另一方面，各级政府部门以及代表政府发声的医疗机构、科协、主流媒体等机构均建立了相关应急科普平台，各平台不乏有权威专家创作的优质科普资源，但是，囿于政府部门缺乏对这些平台资源的有效整合，不少优质资源与其他资源在"同台竞技"中无形地被分散或湮没。结果是，面对"泥沙俱下"的科普资源，公众只能游走在各类媒体之间去分析比对。各种真伪难辨的信息导致公众大量时间和精力被消耗，一些谣言被公众盲目转发，加剧了社会焦虑与恐慌。

二、及时性问题：应急科普没有及时跟进疫情防控需要

恐慌源于未知与不确定。在疫情暴发初期，公众对于这种新型病毒存在严重的认知缺失，缺乏信息辨识力，那么，政府应急科普需要做好预防性科普服务，即根据疫情进展和社会舆论关切提前做好预判，并提供前瞻性科普服务，使科普走在谣言和恐慌的前面。2020年1月，疫情暴发初期的网络热点舆情如表6.1所示。

表 6.1 新冠疫情暴发初期的网络热点舆情

日 期	网络热点舆情信息	信息真伪	总数
1月23日	口罩正确戴法:感冒时有颜色的一面朝外,没感冒时反戴	假	1
1月24日	嚼大蒜瓣可以消灭新型冠状病毒	假	2
1月24日	洗热水澡可以预防新型冠状病毒	假	
1月25日	吃达菲、吗啉胍能预防新型冠状病毒	假	2
1月25日	室内熏食用醋能杀灭新型冠状病毒	假	
1月26日	小磨香油滴入鼻孔可阻断新型冠状病毒感染	假	4
1月26日	燃放烟花能遏制呼吸道疾病的流行	假	
1月26日	吃抗生素能预防新型冠状病毒感染	假	
1月26日	滴露能杀灭新型冠状病毒	假	
1月27日	SARS病毒没消失过,一直寄生在蝙蝠体内	假	5
1月27日	接触沾染病毒的物品属于接触传播,可能感染病毒	真	
1月27日	新型冠状病毒是SARS病毒	假	
1月27日	戴多层口罩能够预防新型冠状病毒感染	假	
1月27日	吸烟可以预防新型冠状病毒感染	假	
1月28日	香港海关将口罩列为禁运物品	假	4
1月28日	板蓝根能预防新型冠状病毒	尚无定论	
1月28日	网传感染病例在10万例左右	假	
1月28日	喝高度白酒可以抵抗新型冠状病毒感染	假	
1月29日	戴有呼吸阀的口罩没有用	假	4
1月29日	全身喷洒酒精可起到消毒效果	假	
1月29日	熏艾可以预防新型冠状病毒	假	
1月29日	人染病会传染宠物,宠物染病会传染人	尚无定论	

续表

日　期	网络热点舆情信息	信息真伪	总数
1月30日	家畜、家禽、海鲜都不能吃了	假	
1月30日	在人中涂风油精可以预防感染	假	
1月30日	用微波炉加热口罩可以消毒	假	
1月30日	武汉来的快递要拒收	假	
1月30日	用56 ℃的热水洗澡能对抗病毒	假	9
1月30日	喷嚏一打几米远,病毒可悬浮一天	尚无定论	
1月30日	用了7天的N95口罩消毒后可继续使用	假	
1月30日	电吹风对手和面部吹30秒能消毒	假	
1月30日	带毛领或绒线的外套容易吸附病毒	假	
1月31日	别吃草鱼,某地有121个鱼塘被感染	假	
1月31日	治疗主要靠激素,会成为废人	假	
1月31日	口罩越厚,防病毒效果越好	假	5
1月31日	紫外线消毒灯能杀灭新型冠状病毒	真	
1月31日	喝60 ℃的水可以杀死病毒	假	

数据来源:"有来医生"网络平台。

一般而言,疫情暴发后的短时间内,公众对于病毒的传染性及预防方法是最为关注的,因此,这类议题往往会诱发网络热点舆情。如表6.1所示,在2020年1月23日至31日,名为科普、实则为谣言的信息占据绝大比例。而且,这些谣言正是围绕"如何正确预防病毒传播"而展开,其之所以形成舆论热点,与前期的预防性科普不足不无关联。事实上,在不少官方防疫科普平台,有较大比例的科普内容是针对已经广泛流行的网络谣言而进行的补给性科普,也证实了科普及时性不足的问题存在。例如,"口罩用吹风机吹或酒精消毒后可继续使用"的谣言经过多次辟谣却仍在社交媒体中广为传播,以至于2020年2月中国政府网微信公众号仍然就"口罩重复使用"问题进行多次系统性解释和辟谣。

三、科学性问题:应急科普内容的严谨性不足引发争议

新冠疫情暴发后,公众对这种新型病毒的来源、形成机制、传播规律等问题存在较大的模糊性,在这种情况下,不同专家说辞不一的"权威发声"必然会损害政府及科学家群体的公信力,其问题本质在于科普内容的科学严谨性不足。例如,"新型冠状病毒是SARS冠状病毒""双黄连口服液可抑制新冠病毒"等"权威信息"引发争议或批评,都反映了代表政府发声的科普专家在内容严谨性上没有充分把握,或对公众理解有错误的预判。笔者认为,应急状态下的科普存在限度与边界问题。在公共突发事件中,民众较为关注代表政府发声的权威机构、权威专家所传递的信息,但是,尚未定论的信息不宜公开发布是发声者应有的态度。换言之,该向民众科普什么、怎样向民众科普都需要进行认真研判和决策,否则,政府积极回应民众关切,本意是科普,实际却导致公众无所适从,从而给应急管理本身带来负面影响。当然,在公共传播场合,如果受邀请专家大部分时间不是代表本级政府发声,而是回应来自其他专家不严谨甚至错误的言论,这是典型的科普资源内耗。

四、协同性问题:政府应急科普存在跨部门合作不畅

基于三方合作的理论框架,应急科普可以概括为需求研判—内容生产—内

容加工—内容传播这四个环节的全链条管理过程。很显然,上述权威性、及时性和科学性问题主要发生在这四个环节中,进而影响了整体应急科普工作有序、有效开展。其中,权威性主要是针对传播主体而言的,科学性主要是针对内容生产而言的,及时性主要是针对这四个环节的衔接度而言的,这些均与三方合作的协同性存在密切的因果关系。新冠疫情初期防疫科普事例表明,如果政府、媒体和科学家缺乏协同性,那么,在实际工作中必然会导致权力或职能错位,出现媒体替代科学家充当伪科普内容的生产者、政府官员替代科普专家充当发言人等制约科普成效的负面问题。此外,需要补充的是,面向重大突发公共卫生事件,应急科普不仅是一种知识、观念的教育宣传,还可以引导公众自觉科学地行动,服从政府应急管控的安排。因此,应急科普的协同性还表现在应急科普本身需要政府管制权的协同配合,以使应急科普具有适度的强制力。例如,在新冠疫情中,尽管民众通过各类科普明白佩戴口罩、居家隔离是防止病毒传播最基本的方式,但是,在缺乏有效管制权(特别是惩戒权)配合的基层社区或农村,仍出现个别民众拒绝服从正当的防疫管制以及基层人员出现过度过激防疫行为等问题,这显然背离了应急科普的初衷。

至此,我们基本可以得出一个结论:目前应急科普存在权威性、及时性、科学性问题,其根源在于三方合作的边界模糊以及协同性不足。立足三方合作、提升过程协同性是改进重大突发公共卫生事件中政府应急科普机制的实践进路。

第三节　三方合作视域下政府应急科普效能的制约因素

一、政府部门应急管制过度与管制不足并存

近年来,随着国家应急管理体系的逐步完善,应急科普工作得到了各级政府的高度重视,逐步形成了以各种常态化的应急科普平台为载体,运用传统媒体与新媒体相结合的传播方式,以民生价值为核心的政府应急科普机制。① 政府在应急科普中的主导作用在不断增强,但总体上仍有管制过度与管制不足并存的问题,表现为不知责、不履责、不尽责和不担责等现象。

以抗击新冠疫情为例,在疫情暴发初期,管制权不足体现在个别地方政府部门不知责与不履责,反应慢、决策迟、关键信息未及时公开,导致社会公众防疫行为混乱无序,给整体疫情防控带来了不利影响,政府公信力也因此受损。同时,还需要看到政府是否对公众自觉做好个人防疫、遵从公共卫生要求进行了必要的管制。正如研究所言,疫情防控不能只依靠科学,公众是否服从基于科学的防控管理措施也是重要的考量因素。② 当然,在疫情防控期间,我们也看到了政府管制过度的问题,表现为部分基层政府在制定防疫政策时存在加码

---

① 王明,郑念. 建立国家应急科普机制势在必行[N]. 科普时报,2020-02-21(1).

② Cheng X, Chen Q, Tang L, et al. Rapid response in an uncertain environment: study of COVID-19 scientific research under the parallel model [J]. Risk Management Healthcare Policy, 2022(15):339-349.

现像。例如,国家倡导就地过年过节,到了个别地方变成了"一刀切"强制就地过年①;国家倡导居家隔离,个别地方出现封门断路、重复核酸检测等过激行为,给当地人民群众生活造成了各种不必要的困扰。

事实表明,面对疫情,一些地方政府没有充分重视应急科普工作,没有发挥应急科普对政府应急管制行为和社会公众应急行为提供科学指引的作用。当然,国家层面至今未有明确的应急科普法规出台也是客观原因之一,导致地方政府,特别是基层政府只能临时性开展应急科普工作,难以构建有效的应急科普机制,也难以对应急管理工作提供必要的支持。

二、科学家群体的话语缺失与脱节问题

在应急环境下,科学家群体的话语缺失与脱节问题主要表现为两种"失语"困境:一是无处普"科"或者有普无"效"。在没有政府官方组织下的应急科普中,科学家零散发声,难以形成广泛的传播力和影响力。另外,不是所有的科学家都具备与媒体进行良好沟通的能力。二是科普内容与现实需求脱节。在突发事件中,正确识别公众科普需求是提高应急科普效果的前提,如果缺乏完整的需求与供给相对接的应急科普管理系统,仅凭科学家自身调查获取公众需求意向,显然可能性较低。同时,单向"灌输"的教化式应急科普落后于交流对话式的公众信息获取偏好,当应急科普信息与公众需求有着巨大鸿沟时,便很难获得应有的效果。

习近平总书记指出,希望广大科技工作者以提高全民科学素养为己任,把

---

① 国家发改委. 就地过年政策各地不能擅自加码搞"一刀切"[EB/OL]. (2021-01-27)[2023-12-10]. https://www.bjnews.com.cn/detail/161171360915985.html.

普及科学知识、弘扬科学精神、传播科学思想、倡导科学方法作为义不容辞的责任。我们时常会问及一个问题：应急科普到底是谁的责任？从责任伦理角度而言，科技工作者群体，或者说是科学家群体是科普内容的生产者。作为知识的生产源，每一位科技工作者都应负有应急科普的责任。但现实困境在于，并不是所有科学家都愿意且能够投身于应急科普工作中去。现有包括《中华人民共和国科学技术普及法》（以下简称《科普法》）在内的法律体系也仅仅是鼓励科学家开展科普工作，而并未对其参与应急科普作出必要规定，也没有相应措施规制科学家的失责失职行为，导致科学家参与应急科普成为道义上的责任，而非实体责任，这是科学家在应急科普中出现话语缺失与脱节问题不可忽视的制度因素。

三、媒体机构的传播越位与科普越权

如前所述，媒体在应急科普中的第一责任在于负责任地传播，将科学家的科普内容正确向公众传递。当前，由主流媒体积极引领社会关注应急科普议题，市场化媒体将科学事实通俗化表达，专业机构和自媒体再将其传递给民众，已经构成多元媒体竞合背景下应急科普信息传播的基本模式。① 在新冠疫情暴发初期，以人民日报、光明日报为代表的官方媒体，以科普中国、科学辟谣平台为代表的专业科普平台，以新京报、头条为代表的市场化媒体及优质自媒体等各类媒体机构通力合作，优势互补，充分发挥了应急传播作用，及时将各种防

---

① 王维曦,疏学明,胡俊,等.应急科普信息传播协同机制研究:以新冠疫情科普为例[J].科技传播,2021,13(19):58-62.

疫科学知识传递给民众,极大地提高了民众的防疫认知与防疫能力。① 然而,在新媒体时代,信息芜杂和获取渠道的多元化也给公众带来了新的困扰,各类媒体鱼龙混杂、良莠不齐是一个不争的事实,在民众认知盲区,部分媒体存在传播越位与科普越权问题,为追求利益最大化而传播伪科学,更有甚者,有些媒体充当科学家的角色,生产应急科普内容并直接向公众传播,结果误导了公众,诱发了社会恐慌,影响了社会稳定,这是典型的媒体失责行为。仅举一例,在国内新冠疫情暴发初期,个别媒体宣扬双黄连为抗疫神药,导致全国民众排队疯抢,即使官方辟谣,但在很长一段时间内仍有民众盲目滥用。这起事件的真相在于,中国科学院上海药物所和武汉病毒所最初在媒体上发布了《上海药物所、武汉病毒所联合发现中成药双黄连口服液可抑制新型冠状病毒》,但是在后期,一些顶流自媒体对此信息进行了选择性传播,导致原有的科普内容严重背离本意,造成不良社会影响。

第四节　案例启示:完善政府应急科普机制的实践进路

2020年2月,习近平总书记在中央全面深化改革委员会第十二次会议上,对完善重大突发疫情防控体制机制,健全国家公共卫生应急管理体系作出了重要部署。可以预见的是,在国家应急管理体系中,加强应急科普能力建设将是各级政府的重要议程之一。三方合作视域下完善政府应急科普机制需要着眼

---

① 胡俊平,钟琦,武丹.媒体应急科普能力的提升策略[J].青年记者,2021(3):79-80.

于提升政府应急科普的科学性、权威性和及时性,加强政府、媒体和科学家群体的工作协同性,最终提高应急科普的成效,即提高受众的接受度以及加强受众的科学行动能力。

一、制定政策法规,为政府应急科普工作提供法制保障

为政府应急科普工作提供法制保障,一方面,需要健全应急科普相关的政策法规。当前各级政府结合各地实际要求,制定并出台了应急科普的工作预案,将应急科普工作纳入政府应急管理工作范畴。但是,政府应急科普的机制构建仍存在较大的模糊性,例如在政府应急科普的工作流程、多方协同的衔接渠道和突发问题的应急传播方案等方面,仍欠缺具体规定或设计。需要在《中华人民共和国突发事件应对法》(以下简称《突发事件应对法》)《中华人民共和国传染病防治法》等法律法规中,完善应急科普的配套制度。在条件成熟的情况下,将应急科普纳入法制化轨道,探索制定《国家应急科普条例》。[①] 在此指导之下,各级地方政府结合国务院关于政府舆情回应的通知要求,建立相应的实施细则,明确应急科普机制建设的相关责任主体和工作机制,从法制层面推动各级政府应急科普工作进入规范化阶段。

另一方面,随着科技与人、科技与社会的张力在不断扩大,需要高度重视科技伦理问题,为科普营建良好的文化生态。事实上,科技伦理问题不仅是推进科技创新需要恪守的边界,也一直是科普需要认真对待的问题。新冠疫情中,很多科学议题都涵盖了严格的科技伦理规范。在此问题上,2019 年 7 月,中央

---

① 王明,杨家英,郑念.关于健全国家应急科普机制的思考和建议[J].中国应急管理,2019(8):38-39.

全面深化改革委员会第九次会议审议通过了《国家科技伦理委员会组建方案》，表明党和国家高度重视科技伦理并着手进行组织机制建设。现实迫切的问题是，由于在科研中认知有限和认识不足，也就可能导致"科技创新行为"有意无意地会突破原有伦理规范、形成新的伦理缺口，因此，这就需要国家层面的权威机构来辨识和研判科技探索和成果应用时潜在的风险和后果，从而建立新的涉及各具体学科和范畴的科技伦理。① 同时，完善科技伦理审查、风险评估以及惩戒相关的法律制度建设，要求各级科研单位、科技企业建立科研伦理自律机制，推进负责任的创新和负责任的科学传播理念。

二、统筹专家资源，在应急管理体系中推进应急科普建设

第一，建立政府主导的应急科普组织体系。在政府应急管理部门中设立从中央到地方的应急科普工作委员会，作为各级应急科普工作的领导机构。各级应急科普工作委员会联合同级科协，遴选本地区各领域权威专家分专业组建科普专家库，建立相应的网络管理平台并实施动态管理。一旦重大突发公共卫生事件发生后，可由各级政府应急科普工作委员会联合各级科协快速组建应急科普工作机构，并根据需要遴选在库专家组成专家团队。让权威科学家做好科普工作，并能够在重大突发公共事件中代表政府权威发声。②

第二，推进应急科普法规建设，明确应急科普工作委员会和应急科普工作机构的权责地位，明确赋予应急科普专家团队参与政策决策、信息传播等方面

---

① 张田勘.科技伦理是科学造福人类的导航仪[N].中国青年报，2019-08-05(2).

② 贾品荣,方力.增强防控的科学性和有效性 发挥科普在疫情防控中的重要作用[N].人民日报，2020-02-12(9).

的权限与职责,提升各级政府科学防治、联防联控的应急管理能力。

第三,发挥政府应急科普机构"中央厨房"的功能,提升资源整合与协调能力,包括日常组织开展在库专家的应急科普专项培训,提升其科学传播技能以及与媒体机构协同工作的能力;在应急情况下协调在库专家进行科普内容创作并负责整合与科学性把关;整合政府自身的媒介资源,促进其与其他社会媒介在权威科普资源推送与传播上的联动。

三、加强需求监测,根据应急管理需要开展精准科普服务

第一,加大预防性科普服务供给。在重大突发公共卫生事件暴发初期,政府应组织应急科普专家团队开展集体研判,分析公众潜在的科普需求并组织开展预防性科普服务,把握话语主动权,增强公众对不实言论以及谣言的免疫力。

第二,加大补给性科普服务供给。在重大突发公共卫生事件的暴发期内,建议在政府舆情管理系统中嵌入科普热点侦测与分析模块,通过自建舆情分析系统或由市场舆情分析机构提供外包服务,探索基于大数据的舆论热点动态监测,及时向政府部门发出应急科普需求的预警,并适时做好补给性科普,用科学解释真相,用事实击败讹传。此外,各级政府的应急科普专家团队可以通过各种媒介加强与公众对话,开展包括网络直播、在线问答等新型应急科普方式,请公众认可的专家进行权威解答,在专家团队中培养广受公众认可的意见领袖。此外,政府应鼓励各种社会力量、个人参与谣言举报和辟谣工作,加强网络谣言的群防群治能力,助力政府应急科普工作有序开展。

四、整合传播平台，构建联防联控的权威发声机制

当今社交媒体和自媒体的发展使舆论生态发生了重要变化，传播主体的分众化加剧了话语权的分散和舆论场的撕裂，公众通过评论、转发和顶帖的方式表达自己的意见、宣泄个人情绪，从而形成了一个个网络舆论场。[①] 在公共突发事件中，任何组织机构、个体都可以通过各自的平台开展应急科普，这是一个无法回避的客观事实，其所造就的必然是百家争鸣、泥沙俱下的科普新生态。那么，在这种生态下，政府主导的应急科普工作本质就是如何让代表政府发声的科普信息能够脱颖而出，成为最具公信力、传播力和影响力的权威声音。

为此，笔者建议：第一，构建相对固定、统一的官方权威科普平台，为公众提供应急状态下相对固定的信息获取通道。平台围绕政府决策部署、信息发布、辟谣解读和防控指南等板块建立综合性的内容体系。在重大突发公共卫生事件防治过程中，其他政府部门的信息传播平台，包括官方媒体，在科普信息上需要优先遵从本平台所发布的信息，以提升政府应急科普平台在官方传播体系中的主导性和整体性地位。第二，精减数量，提升权威科普内容的质量。面对公共突发事件，政府所发布的权威科普内容可以分包给在库专家进行生产，然后由应急科普专家团队做好整合，使得在库专家针对同一议题进行统一发声，以提升权威科普内容的质量。第三，构建政府应急科普内容审核机制。政府应加大对代表政府权威发声的科普内容的审核力度，确保其科学严谨性。例如，可以依托政府应急科普平台建立随机盲评和联合终审机制。代表政府发布的科

---

① 李巍霞,李春雷. 群体性事件中网络"口水效应"分析及化解路径[J]. 南昌工程学院学报,2014,33(2):32-36.

普内容需要前期通过平台内的同行专家进行盲评和完善,对尚有异议的内容应由政府应急科普专家团队进行终审,以此来确保政府发布的科普内容的科学性。

五、明确权责边界,促进三方协同开展应急科普服务

第一,加强科普与媒体的协同工作。在重大突发公共卫生事件中,政府应加强对各类媒体传播权的监督管理。所有媒体传播的与事件相关的科普类信息一律需要业内专家作为顾问进行审核并署名,相关专家对内容承担连带责任,以此促进媒体回归传播本职,同时督促媒体在内容加工过程中主动与相关领域专家合作,将科普话语权交给科学家。

第二,加强科普专家团队与政府应急管理部门的协同工作。政府需要在公共突发事件中建立有效的信息共享机制,使应急科普专家团队能够及时根据事件进展提供针对性科普服务。另外,为了提升应急科普对各类行为的规范和引导作用,可以将应急科普内容与政府紧急管制政策进行整合性传播,以提升应急科普在行为层面上的规制力,正确引导包括防疫执法人员和公众在内的各方力量采取科学的行动。

第三,加强政府与媒介组织的协同工作。在应对重大突发公共卫生事件过程中,政府需要加强对各类媒体传播行为的监督管理,同时加强官方媒体与其他各类媒体的联合,确保代表政府发布的科普信息能够第一时间向公众广泛传播。此外,相关部门应对媒体传播不实信息或"科学谣言"的行为进行惩戒,为政府应急科普工作的开展营建良好的媒介生态。

第七章
多主体合作：政府应急科普工作机制的构建

在我国,党和国家历来高度重视科普工作,强调提升公共突发事件应急管理能力需要加强应急科普宣教工作、提升舆情引导水平,但是一直未形成系统规范的政府应急科普机制。前文已对当前应急科普领域存在的问题进行了分析,本章将系统梳理我国政府应急科普工作的发展历程,结合现实来总结不足,并探讨具体的实践进路。

第一节 政府应急科普机制建设历史与现实

一、应急科普从属于应急管理体系建设

应急科普属于国家应急管理体系建设的范畴。2002年暴发的"非典"事件拉开了我国政府系统加强应急管理体系及能力建设的序幕。2006年,国务院设置了应急管理办公室。2007年,国家颁布实施了《突发事件应对法》,随后从上而下建立了各级政府应对突发事件的预案、体制、机制和法制,形成了"一案三制"的应急体系。2018年,为了进一步提升各职能部门的联合应急协调能力,党和国家推进应急管理机构改革,整合了水旱灾害、森林草原火灾、地震地

质灾害等相关职能部门,组建了中华人民共和国应急管理部,打破了以往碎片化和条块化的应急管理模式,使得我国应急管理工作迈向了综合化与系统化的方向。① 经过改革探索,目前我国初步构建了"全灾种、大应急"的新格局,防灾减灾救灾工作的系统性、协同性及其效能均得到大幅提升,特别是,国家应急管理实现了由分散到集中、由被动救灾到主动防灾、由战时应对到常态化管理的历史性转变,国家整体应急管理体系及能力建设进入了新阶段。目前,我国应急管理已经基本建成了中央统筹指导、地方作为主体、灾区群众广泛参与的灾后恢复重建机制。

应急科普宣教作为应急管理的重要工作内容,一直从属于国家应急管理体系与能力建设。早在 2005 年,国家在其制定的《国家突发公共事件总体应急预案》中提到,"加强宣传和培训教育工作,提高公众自救、互救和应对各类突发公共事件的综合素质"。同年,国务院办公厅印发的《应急管理科普宣教工作总体实施方案》再次强调,应急科普需要以国家总体预案为核心,以应急知识普及为重点,以典型案例为抓手,按照灾前、灾中、灾后的不同情况,分类宣传普及应急知识,提高公众的预防、自救和互救等能力,增强公众的公共安全意识和法制意识。之后地方各级政府开始结合本地区实际情况制定了具体实施方案。2007 年颁布的《突发事件应对法》中再次明确要求,县级人民政府及其有关部门、乡级人民政府、街道办事处应当组织开展应急知识的宣传普及活动和必要的应急演练,要完善应急制度保障。总体而言,从 21 世纪初到 2010 年左右,随着国家应急管理体系的建设,我国政府已经开始重视应急科普,并对相关工作提出了一定的要求,但没有就如何构建政府应急科普机制作出明确的决策部署。

---

① 侯守杰.风险社会的应急管理升级:演变、反思与重构[J].理论建设,2020,36(5):80-87.

二、新时代应急科普工作受到高度重视

2010年以来,日本福岛核泄漏导致的抢盐事件、雅安地震、新冠疫情等各类重大公共突发事件陆续发生,同时,移动社交媒体蓬勃发展,涉科学议题的网络热点舆情不断增多,舆情失控引发的各类社会风险问题受到党和国家的高度重视,加强政府应急科普、提升舆情回应能力成为地方应急管理工作的基本要求。例如,2017年科技部、中宣部联合制定的《"十三五"国家科普和创新文化建设规划》中专门强调了应急科普能力建设问题,要求各级政府针对环境污染、重大灾害、气候变化、食品安全、传染病、重大公众安全等群众关注的社会热点问题和突发事件,及时解读,释疑解惑,做好舆论引导工作。同时,要求各级政府结合重大热点科技事件,组织传媒与科学家共同解读相关领域科学知识,引导公众正确理解和科学认识社会热点事件。对涉及公众健康和安全的工程项目,建立面向公众的科学听证制度,扩大公众对重大科技决策的知情权,提高公众的参与能力。2018年,国务院办公厅印发的《2018年政务公开工作要点》中提出,各级政府要增强风险防控意识,密切监测收集苗头性舆情,做到及时预警、科学研判、妥善处置、有效回应。与此同时,国务院相关部委对地方政府的应急科普工作也提出了具体要求,其中内容开始涉及应急科普机制的构建问题。例如,中国地震局和中央宣传部下发的《关于进一步做好防震减灾宣传工作的意见》中指出,防震减灾宣传工作具有很强的政策引导性、专业特殊性和社会敏感性,开展防震减灾宣传工作要坚持党委领导、部门协作的工作机制。由此,构建政府应急科普机制进入了实践探索的新阶段。

2020年,新冠疫情在全球大流行,科学防疫离不开有效的防疫科普,伴随应急管理需要而开展的应急科普工作再次受到各级政府重视,全国各地丰富多

样的防疫科普实践为政府应急科普机制构建提供了鲜活的案例。例如,浙江省科协将应急科普纳入党委政府疫情防控整体机制,善借制度之力进行高位推动,借助浙江科学传播融媒体联盟的平台,实现应急科普立体化传播,构建了上下贯通的应急科普工作体系,成效显著。①

近年来,党中央已经在多份重要文件中反复重申,要针对这次疫情暴露出来的短板和不足,抓紧补短板、堵漏洞、强弱项,并作出了"完善重大突发疫情防控体制机制,健全国家公共卫生应急管理体系"的重要部署。2020—2022年,党中央、国务院及其部委陆续发文,对政府应急科普能力建设作出了明确要求和工作部署,充分体现了加强新时代政府应急科普机制建设的重要性和紧迫性(表7.1)。其中,《全民科学素质行动规划纲要(2021—2035年)》已经明确提出要基本建成平战结合应急科普体系的目标。2022年,科技部、中央宣传部、中国科协共同制定的《"十四五"国家科学技术普及发展规划》要求,建立健全国家应急科普协调联动机制,完善各级政府应急管理预案中的应急科普措施,推动将应急科普工作纳入政府应急管理考核范畴。

表7.1 2020年以来党和国家出台涉及应急科普工作的政策文件一览表(部分)

政策文件	出台部门	出台时间	应急科普相关的政策表述
《关于进一步加强突发事件应急科普宣教工作的意见》	中国科协、中央宣传部、科技部、国家卫生健康委、应急管理部	2020年9月	应急科普宣教工作依然存在不足,跨部门间制度化联动机制有待完善,网络信息冗余且权威发声不足,资源有效整合和精准传播不够,社会力量和市场机制作用尚未得到充分发挥

---

① 资料来源于中国科协第34期《应急科普工作简报》。

续表

政策文件	出台部门	出台时间	应急科普相关的政策表述
《全民科学素质行动规划纲要(2021—2035年)》	国务院	2021年6月	建立健全应急科普协调联动机制,显著提升基层科普工作能力,基本建成平战结合应急科普体系
《"十四五"国家应急体系规划》	国务院	2021年12月	实施应急科普精品工程,利用传统媒体、网站和新媒体平台等载体,面向不同社会群体开发推广应急科普教材、读物、动漫、游戏、影视剧、短视频等系列产品。建设数字防灾减灾教育资源公共服务平台、标准化应急知识科普库、公众科普宣教平台和应急虚拟体验馆。利用废弃矿山、搬迁化工企业旧址和遗留设施等,建设安全生产主题公园、体验基地;依托科技馆、城市森林公园、灾害遗址公园等设施,建设一批集灾害事故科普教育、法规政策宣传、应急体验、自救互救模拟等功能于一体的安全文化教育基地;分级建设一批应急消防科普教育基地
《"十四五"国家科学技术普及发展规划》	科技部、中央宣传部、中国科协	2022年8月	加强应急科普工作。建立健全国家应急科普协调联动机制,完善各级政府应急管理预案中的应急科普措施,推动将应急科普工作纳入政府应急管理考核范畴。统筹自然灾害、卫生健康、安全生产、应急避难等科普工作,加强政府部门、社会机构、科研力量、媒体等协调联动,建立应急科普资源库和专家库,搭建国家应急科普平台。积极开展应急科普宣传活动,推进面向大众的应急演练、防灾减灾等科普工作,增强科普宣教的知识性、趣味性、交互性。完善应急科普基础设施,建设安全生产主题公园等安全文化教育基地,推动应急科普融入公众生产生活。持续提升应急管理人员、媒体从业人员的应急科普能力

续表

政策文件	出台部门	出台时间	应急科普相关的政策表述
《关于新时代进一步加强科学技术普及工作的意见》	中共中央办公厅、国务院办公厅	2022年9月	落实科普相关法律法规,把科普工作纳入国民经济和社会发展规划、列入重要议事日程,与科技创新协同部署推进。统筹日常科普和应急科普,深入实施全民科学素质行动,为全社会开展科普工作创造良好环境和条件

三、当前政府应急科普的主要实践成就

近十年来,在政策的强势推动下,各级政府在应急科普机制建设上进行了积极探索与实践,并取得了一些成效,主要包括:

第一,制定了应急科普工作方案,探索制定了地方科普条例。2005年10月,国务院办公厅印发了《应急管理科普宣教工作总体实施方案》,随后,地方政府以此为蓝本,制定了省、市级应急科普宣教工作方案。例如,2006年7月,安徽省马鞍山市出台了《马鞍山市应急管理科普宣教工作总体实施方案》;2006年8月,湖南省出台了《湖南省应急管理科普宣教工作方案》;2008年9月,重庆市出台了《重庆市应急管理科普宣教工作总体实施方案》等。总体来看,2007—2017年,各地主要以《突发事件应对法》和《科普法》为指导,不断完善地方政府的应急科普工作方案,但较少涉及机制构建问题。2018年,国家实施应急管理机构改革,地方政府相继成立应急管理部门并分设应急管理宣传教育中心,在实践总结中进一步围绕统筹发展与安全和防灾减灾救灾总体要求来完善应急科普宣教工作方案。同时,构建应急科普的领导体制和工作机制开始提上政府议程。2020年,受新冠疫情影响,中国科协、中央宣传部、科技部、国家卫

生健康委、应急管理部联合发文《关于进一步加强突发事件应急科普宣教工作的意见》,对政府应急科普机制建设提出了宏观性要求,随后,各级政府在跟进出台具体实施方案中进一步明确了政府应急科普机制建设的基本原则、工作思路和方式。例如,重庆市应急管理局在 2020 年 11 月出台的《进一步加强突发事件应急科普宣教工作实施方案》就针对如何建立健全应急科普联动协调机制进行了部署。目前,各省市已有不少县区甚至乡镇政府也开始制定适合本辖区的应急宣教工作方案及工作响应机制(示例见表 7.2)。总体而言,各级应急科普方案的制定为政府应急科普机制建设提供了基本指南和框架体系。除此以外,也有地方政府结合本地科普工作需要,探索制定了地方科普条例,为进一步规范应急科普工作提供了更为坚实的制度保障。例如,2021 年 5 月,广东省人大常委会制定了《广东省科学技术普及条例》,其中,第二十一条规定:县级以上人民政府应当建立健全重大突发公共事件应急科普工作机制,加强应急科普基础设施和服务体系建设,组织开展应急科普活动,提高公众对突发公共事件的应急处理能力。

表 7.2 安徽省六安市叶集区应急科普宣教工作的实施方案

关于进一步加强突发事件应急科普宣教工作的实施方案
根据《六安市科学技术协会 中共六安市委宣传部 六安市科学技术局 六安市卫生健康委 六安市应急管理局关于进一步加强突发事件应急科普宣教工作的实施方案》(六科协普〔2021〕11 号)要求,为加强我区突发事件应急科普宣教工作,制定如下实施方案。 一、总体要求 坚持以习近平新时代中国特色社会主义思想为指导,全面贯彻党的十九大和十九届二中、三中、四中、五中全会精神,认真落实党中央、国务院及省委省政府、市委市政府决策部署,坚持以人民为中心的发展思想和平战结合、协同联动,预防为主,共建共享的基本原则,大力倡导健康文明科学的生活方式,深入开展公共卫生、自然灾害、事故灾难等突发事件应急科普宣教工作,积极回应公众关切、正确引导社会舆论,为打造皖豫边界

续表

特色城区贡献力量。

二、主要任务

（一）建立应急科普宣教工作响应机制

突发事件发生后，根据事件的不同类型和响应等级，分析研判应急科普宣教工作，做好政策解读和知识普及，形成统一发声、联合行动、快速反应的动态机制。区委宣传部负责指导协调宣传工作、新闻单位工作；区科技经信局负责突发事件科研攻关的权威发布；区卫生健康委负责公共卫生应急科普的牵头协调、联动实施和权威发布；区应急局负责自然灾害、事故灾难等应急科普的牵头协调、联动实施和权威发布；区科协负责联系专家生产精细化科普内容，利用自身平台、组织体系做好资源汇聚和协同传播。

（二）加强应急科普内容资源建设

推进应急科普信息化建设，充分发挥科普中国平台在传播权威科普资源等方面的重要作用。组织力量针对不同人群开发储备应急科普内容资源，编制印发社区和家庭应急科普宣传资料。推动将应急科普展品、活动纳入科普场馆布展、运营内容。

（三）开展应急科普主题宣传活动

在科普活动中融入应急理念和知识，开展突发事件应急预案和应急机制、体制和法制的科学解读。利用全国科普日、文化科技卫生"三下乡"、科技活动周、全国防灾减灾日等时间节点，积极宣传突发事件应急知识。发挥科技志愿服务队的作用，广泛开展知识宣传、技能培训、案例解读、应急演练等多种形式的应急科普宣教活动。重点关注偏远落后和灾害多发乡村，提高应对突发事件能力。全面推进应急科普知识进企业、进农村、进社区、进学校、进家庭。

（四）强化媒体沟通协调

区委宣传部统筹协调各类传统媒体和新媒体，特别是区主流新闻媒体和主流网络媒体，会同相关部门共同推动建立应急科普媒体绿色通道，无偿开展突发事件预防与应急、自救互救等方面知识的公益宣传，充分解读应急预案的主要内容和处置规程。加强舆情跟踪和研究，积极回应和解读热点问题，加强应急科普内容科学性把关，针对谣言快速发声，采用科普方式及时公开事实真相，赢得群众信任和理解，营造有利舆论氛围。

三、保障措施

（一）加强组织领导

充分认识突发事件应急科普宣教工作的重要性，强化政治引领，积极争取党委政府的领导和支持。乡镇街(开发区)科协要会同宣传、科技、卫生健康、应急管理等部门，结合本辖区实际，细化工作方案，推动应急科普宣教工作纳入各级突发事件应急工作整体规划和协调机制。

续表
（二）完善制度保障 认真贯彻实施国家和省市关于突发事件应对、传染病防治、科学技术普及等法律法规，加强应急科普宣教的配套制度建设，加大应急科普项目支出。 （三）强化队伍建设 加大应急管理和应急科普等人员培训力度，切实提高相关人员的业务素质。加强高危行业从业人员的应急科普培训。依托社区管理力量、志愿者等，强化基层救援力量、基层卫生员、灾害信息员、科普中国信息员等队伍建设。 （四）科普宣教活动 重点关注偏远落后和灾害多发乡村，提高应对突发事件能力。全面推进应急科普知识进企业、进农村、进社区、进学校、进家庭。

资料来源：六安市叶集区人民政府网站。

第二，政府应急科普体制建设取得积极成效。2018年应急管理机构改革以前，政府应急科普工作主要由各级科协组织实施，政府应急科普体制建设问题较少在国家政策文件中提出。新冠疫情暴发后，党中央要求针对这次疫情暴露出来的短板和不足，抓紧补短板、堵漏洞、强弱项，作出了"完善重大突发疫情防控体制机制，健全国家公共卫生应急管理体系"的重要决策部署。近几年，《关于进一步加强突发事件应急科普宣教工作的意见》《"十四五"国家应急体系规划》和《全民科学素质行动计划纲要实施方案（2021—2035年）》等多份国家政策文件陆续出台，为各地应急科普体制建设提供了指引，总体要求是，各级政府要坚持工作主导地位，地方政府就近指挥，发挥主体作用、承担主体责任，根据实际情况及时处理并统筹开展应急科普宣教工作。最新的进展是，在市级及以上的政府部门中，已经初步形成了党委政府领导下的多部门协同工作的应急科普领导体制，各级应急管理机构及其内设的应急管理宣传教育中心部分承担了应急科普的组织协调工作，但应急科普职能分散于安全生产监督、气象、交通、医疗卫生、科技等多个职能部门，如何在应急科普中进行有效整合仍没有很好的方案。

第三，初步形成了战时应急科普机制①。一旦发生公共突发事件，为了满足战时化需要，我国各级政府也建立了相应的应急科普战时化工作机制，提出了政府主导、社会参与、平战结合、协同联动、预防为主、共建共享的工作原则。如图7.1所示，这种战时化工作机制主要分为两种：一是各级政府部门依托各级科协临时抽调相关专家来开展应急科普，其科普工作主要体现在代表政府部门进行权威信息发布、政策解读以及为政府应急管理提供决策建议等。二是以中国科协为统筹指导的各级科协、全国学会针对公共突发事件的相关议题或热点舆情而开展应急科普服务。同时，要充分发挥人民团体、专业机构和新闻媒体的重要作用，加强政府与社会力量、市场机制的协同配合，形成工作合力。在这个机制中，无论是常态化科普，还是战时化应急科普，各级科协都是科普工作的组织者、协调者和管理者，在各级政府应急管理领导指挥机构下负责应急科普事务；各级学会成为科普内容供给的具体组织实施者，根据应急需要召集相关领域的科技工作者（会员）参与内容生产与传播。另外，在应急科普联动协调机制建设上，最新的文件也作出了规定②，按照突发事件的不同类型，协调推进部门间应急科普宣教工作。一旦发生突发事件，根据不同响应等级，政府相关主管部门通过官方主渠道首先发声，其他机构和媒体平台协同跟进，做好政策解读和知识普及，形成统一发声、联合行动、快速反应的动态机制。宣传部门负责指导协调宣传工作、新闻单位工作；科技部门负责突发事件科研攻关的权威发布；卫生健康部门负责公共卫生应急科普的牵头协调、联动实施和权威发布；应急管理部门及相关议事机构负责自然灾害、事故灾难等应急科普的牵头协

---

① 杨家英，王明. 我国应急科普工作体系建设初探：基于新冠疫情应急科普实践的思考[J]. 科普研究，2020,15(1)：32-40,105-106.
② 见中国科协、中央宣传部、科技部、国家卫生健康委、应急管理部联合发文《关于进一步加强突发事件应急科普宣教工作的意见》（科协发普字〔2020〕22号）。

调、联动实施和权威发布；科协组织负责联系专家生产精细化科普内容，利用自身平台、组织体系做好资源汇聚和协同传播。

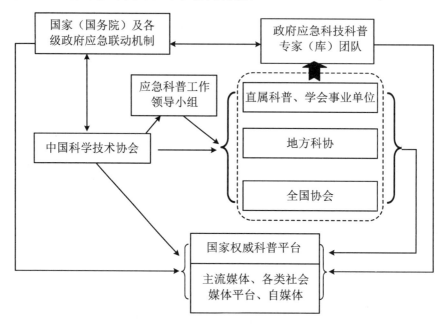

图 7.1　政府应急科普的战时工作机制

第四，推进各类应急科普设施建设。一是加大应急科普场馆建设。主要围绕地方易发、常发自然灾害来建设科普教育场馆，结合现代信息与媒介技术开展公众科普教育。目前已投入使用的场馆有海淀公共安全馆、唐山抗震纪念馆、烟台地震科普教育基地、四川省防灾减灾教育馆、浙江金华交通安防体验馆、陕西安康地震科普体验馆等。二是部分地方政府探索建立了应急传播平台。主要是以服务公众应急之所需，打造"平时服务、战时应急、平战结合"的应急信息传播（包括应急科普工作）系统，涵盖应急广播电视频道、网站、官方微博、公众号及其他媒介，作为应急状态下官方信息传播的主要平台。三是部分地区探索建立了应急科普的移动平台，如购置了科普大篷车、车载广播、可移动智能科普机器人,深入农村、企业和学校等开展各种应急科普宣传。

第五,加快了应急科普智库及队伍建设。人才建设是推进应急科普工作的核心。近年来,为了做到人才储备在日常、战时能顶用,从国家到地方,都在积极筹建应急科普专家委员会,分级分类整合专家资源组成应急科普人才智库,探索应急科普宣教常态化机制。例如,2021年12月,中华人民共和国应急管理部宣传教育中心联合中国科普研究所共建了"应急科普智库"。2022年8月,由上海市科学技术委员会牵头,依托上海科学传播与发展研究中心,上海科技馆、上海市科学学研究所、上海交通大学、华东师范大学共建了"上海科技传播智库"。此外,近年来,推进应急科普工作人员向基层倾斜是一个新的趋势,即依托企业、社区和农村等基层的管理人员,设立灾害信息员、科普志愿者等岗位,通过培训赋予其基层应急科普员的角色,通过"多员合一"的模式扩增基层应急科普队伍。

第六,围绕公众安全需求开展形式多样的应急科普宣教活动。各级政府坚持"以人民为中心""生命至上,人民至上"的原则,以人民安全需求为出发点,针对社会公众密切相关的民生热点问题开展科普。例如,中华人民共和国应急管理部宣传教育中心推出的应急科普栏目,经常就事关公众生产生活安全的事情加强科普宣传。具体而言,一是在科普主题选择上,聚焦生命健康与安全领域,就区域易发常发自然灾害、生活与生产安全、日常应急避险开展科普宣传。二是在科普形式选择上,倾向以民众喜闻乐见的形式开展科普教育,贴切公众生活,创作了很多富有地方特色的应急科普栏目剧、应急科普画报、应急科普动漫、小品和舞台剧等,举办了应急科普知识问答、应急科普游戏等各类社区性活动,注重实用技能培训,增强公众的获得感。三是在科普方式选择上,省、市层级的科普场馆和专业科普基地建设明显加快,依托数字技术增加了情境化、体验式应急科普教育方式,丰富了公众的直观感受。

第二节　政府应急科普机制建设存在的不足

在网络信息时代,百家争鸣、泥沙俱下的科普生态导致公众信息过载与有效科普不足的矛盾极为突出。在这里面,既有政府主导的应急科普,也有媒体及其他社会组织主导开展甚至是公众自主进行的应急科普,既有高质量的科普内容,也不乏劣质甚至错误的科普信息。研究政府应急科普工作存在的不足,既要观察当前科普生态引致的客观环境问题,也需要分析政府自身在组织管理特别是供给管理上存在的不足。

一、政府应急科普尚未形成刚性的制度约束

应急科普属于应急管理的重要组成部分,但是,应急科普工作本身具有一定的独特性,2020年以来,在新冠疫情的防疫科普实践中,我国各级政府已经在结合各地实际的基础上制定并出台了应急科普工作预案,将应急科普工作纳入政府应急管理工作范畴。但是,针对应急科普的顶层设计尚存不完善之处,突出表现为政府应急科普工作尚未形成刚性的制度约束。

第一,缺乏应急科普指导性法规。我国是最早为科普立法的国家,近年来,在应急科普方面,中国科协、中央宣传部、科技部等部门在其出台的政策文件中已有重视。例如,《全民科学素质行动规划纲要(2021—2035年)》已经明确提出,到2035年要基本建成平战结合应急科普体系的目标。2022年8月,科技部、中央宣传部、中国科协联合制定的《"十四五"国家科学技术普及发展规划》

同样要求,建立健全国家应急科普协调联动机制,完善各级政府应急管理预案中的应急科普措施,推动将应急科普工作纳入政府应急管理考核范畴。与此同时,各级政府也正在结合本地实际制定出台新时代应急科普工作预案,并着手将应急科普工作纳入政府应急管理能力评价范畴。但是,总体来看,应急科普工作在这些文件中仍多为鼓励性、号召性要求,缺乏刚性的制度约束。一是《突发事件应对法》等应急管理专项法律法规尚未就应急科普工作何时开展、谁来开展、如何开展予以明确规定。二是地方应急科普专项工作方案中,对于科学家、媒体两类主体参与政府应急科普内容生产与传播的行为责任缺乏明确规定,责任模糊带来推诿和越位,导致应急科普缺乏协调性,降低了政府应急科普的权威性、规范性和有效度。三是对"人人皆为媒体"而造成的良莠不齐、泥沙俱下的科普生态缺乏补充性法律规制,即突发事件情境下各种非政府组织的应急科普行为及其责任缺乏管制性规定。对于以科普之名创作、传播"科学谣言"的行为,难以简单适用现有信息传播和治安管理法规予以惩戒,这是目前突发事件应急科普信源嘈杂、政府发声无力背后不可忽视的因素。

第二,政府应急科普体制机制构建上仍存在模糊性。应急科普属于应急管理的重要组成部分,尽管各级政府及其职能部门已经相继建立了公共突发事件应急管理体制,但是,在应急科普领域还没有建立完善的领导体制,缺乏明确统一的应急科普领导机构和规范的组织程序。政府应急科普属于应急管理部门的职责还是科技管理部门抑或科协组织的职责,目前各有说辞,尚不明确。基层政府应急管理部门中没有专门建立相应的应急科普工作部门是一个比较普遍的现象。从理论上而言,正因为科学议题涉及的领域十分宽泛,所以政府应急科普职责应分散在农业、医疗、卫生、科技、交通等各职能部门,针对不同的科学议题应由其相应的职能部门负责开展科普。但是,在应对社会热点舆情时,往往面临的是复杂的科学议题,涉及多个职能领域,那么,以往各司其职的科普显然无法应对,客观上需要联合各部门开展应急科普。有人认为,政府应急部门负有统合应急科普的职责,但碍于行政体制的等级,实际却无法真正起到统筹指挥作用。另外,政府各职能部门的科普主体仍然是各领域的专家,这些专家又归属于科协系统下的各级学会组织,科协与政府部门如何协作统筹利用好专家资源,这些都是有待解决的体制性问题。

第三,政府应急科普缺乏规范的工作流程。政府应急科普是政府、媒体与科普专家各司其职、协同配合的行动,客观上需要规范的工作流程,但是,就目前应急科普相关政策文件来看,对于政府应急科普的工作流程、多方协同的各自职责边界以及合作方式、突发问题的应急传播方案等仍欠缺具体规定,这势必会影响政府应急科普工作的有效开展。近几年,受新冠疫情的影响,国家出台了《关于进一步加强突发事件应急科普宣教工作的意见》《关于新时代进一步加强科学技术普及工作的意见》等多份政策文件,要求加强公共突发事件应急科普组织工作。各省、市政府也跟进出台了具体实施方案,部分省市还为此修改了本级科普条例。但纵观这些文件,依旧没有对公共突发事件政府应急科普工作如何组织开展作出明确具体的设计,包括政府应急科普工作的启动条件、组织流程、协作平台、工作监督等具体层面,这是地方政府应急科普工作组织混乱、无法达到中央政务舆情回应的时限与质量要求的重要原因。

二、政府应急科普主体的工作协同不畅

应急科普的参与主体一般包括政府、科学家、媒体和公众。其中,政府是应急科普的组织管理者;科学家是应急科普服务的直接供给者;媒体是应急科普内容的整合和传播者,也可视为科普内容的二次生产者;公众既是应急科普服务的接受者,也是应急科普信息的传播者,因为他们也可以通过自媒体参与

传播活动。由此而言,政府与科学家的关系是组织管理与内容生产的关系,政府与媒体的关系是传播监管与传播的关系,媒体与公众是传播与受众的关系。

之所以要厘清这些关系,是因为目前应急科普工作缺乏这种多主体协作体系,导致科学与媒体之间尚未构建有效连接,表现为政府、科学共同体和各类媒体经常出现越位或缺位现象。[①] 一是在公共突发事件中"专家不上网、网上无专家"问题依旧突出。部分媒体不仅是信息传播者,也是内容生产者,充当科普内容创作与传播的复合体。在已有的现实案例中,科学家的缺位导致媒体充当了科普内容生产者的角色,其所创造的内容科学性与专业性无法得到保障,最终误导公众并诱发更大的舆情。二是既懂互联网思维,又懂科学的意见领袖比较匮乏。在"人人都有麦克风"的时代,公共舆论常被某些意见领袖牵引是一个不争的事实。然而,并非所有的意见领袖都是称职的科普工作者,非专业从事科普的意见领袖无法给出公众满意的答案,甚至会牵引公众走向狭隘的认知误区,导致民众盲目崇拜、选边站队,对负面信息无所不信。三是政府与媒体、科学家存在职能缺位或越位问题。现有政策文件均要求政府与媒体、科学家协同开展应急科普,但没有对三者的权责进行合理界定,以致三者彼此缺位或越位的现象时有发生。例如,政府职员或媒体替代专家成为科普发言人,不仅没有把科学问题解释清楚,反而引发公信力危机;科学家的知识专有权过大,不严谨的言论"挑战"政府应急管制权的合理性;科普专家声音不一,导致民众左右为难,社会媒体趁势渲染,加剧恐慌;政府管制权的缺位,让公众对应急科普熟视无睹,依旧我行我素。政府部门之间、媒体与科普工作者之间的发声不一甚至引发内讧,势必会加剧社会质疑,引发公信力危机。如在广东茂名 PX 项目事

[①] 王大鹏.科普:科学家和媒体都要拼[J].博览群书,2015(3):25-28.

件中,百度百科出现对"PX"词条的反复修改加剧了当地民众的恐慌情绪,最终导致部分公众聚集反对 PX 项目。此外,2019 年 8 月台风"利奇马"登陆前夕,青岛气象局指责青岛市政府自媒体"青岛发布"违规发布台风预警,错误地将预报当预警,也给民众造成了一定的困惑。

三、应急科普内容与公众需求匹配不足

应急科普与公众需求匹配不足具体表现在三个方面:一是应急科普不及时,多为事后科普。不少是热点舆情已经形成或公共突发事件已经出现负面舆情才进行补救式科普,这样科普很难在短期内起到清本正源的作用。二是应急科普无法按需开展。科普内容没有充分重视公众的疑虑和关切,缺乏针对性科普服务,科普内容脱离公众关注焦点,导致科普的引导舆论力不强。例如,在广东茂名 PX 项目事件过程中,应急科普主要围绕 PX 这种化学物质本身进行知识性普及,并未就当地民众最为关切的 PX 项目与环境污染、健康安全等相关议题进行深入挖掘和系统性科普。三是针对网络热点舆情,当前比较常见的应急科普形式是发放科普资料、开展专家访谈、召开新闻发布会等。总体来看,目前应急科普形式偏向单向传播,缺乏公众需求反馈。另外,科普内容的表达多为严谨性图文,对于普通公众而言,趣味性和可理解性不够。相比较而言,基于现代数字技术开发的更具有直观性、趣味性的动画演示、科普短视频或者平台直播、线上对话等科普形式比较少。此外,在传播媒介上,应急科普更多依托传统广播、电视、报纸、政府官方网站进行,利用政务微博、微信、直播等新兴传播方式进行应急科普的并不多见。

四、政府应急科普的全链条管理不规范

第一,对科普专家资源缺乏统合管理。尽管国家层面已经着手推进应急科普专家智库建设,但是,不少地方政府对本土科普专家资源缺乏统计和分类管理,没有建立本土科普专家智库,导致临时召集科普专家有困难。

第二,较少构建统一的应急传播体系。地方政府缺乏对官方自媒体进行统合管理,尚未形成应急状态下融媒体和全媒体传播的行动方案,同时,也较少整合本土主流媒体和顶流自媒体构建应急科普传播联盟,导致应急状态下难以做到本土主流媒体统一发声、同时发声,传播力和影响力因此受到制约。

第三,对应急科普全链条管理不完善。一些地方政府没有充分发挥应急科普的统筹协调作用,在科普需求侦测、专家会商研判、科普内容生产、媒介传播规范与应急管制配合等全链条上没做好相应的管理、服务与监督,导致政府与科普专家、媒体之间信息沟通不畅,出现工作脱节,严重影响应急科普内容的科学性、严谨性与及时性。例如,新冠疫情暴发后,出现了类似"双黄连口服液可抑制新冠病毒"等科学家与媒体说辞不一的"权威发声",反映出代表政府发声的专家对于该科普什么、怎样科普缺乏内审机制,同时科普专家与媒体之间也欠缺充分的沟通,导致误解、曲解或对公众理解有错误的预判。此外,谣言跑在真相前、谣言久辟不绝等问题也反映出政府应急科普整体管理存有不足。

五、常态化开展应急科普服务存在不足

事在日常,用在非常,应急科普既是为应急而常态化开展科普,也是应急状态下的紧急科普,二者互为补充、相互支撑。做好政府应急科普需要平战结合,

把应急科普内容融入日常科普,注重二者平衡性:一方面要加强日常的应急科普知识宣传,起到预防预备作用,强调常态化和持续性;另一方面要能够根据突发事件应急需要而开展科普,起到紧急补给作用,重在实用性和针对性。从现实来看,政府应急科普重应急、轻预防的失衡问题较为突出,制约了公共突发事件政府应急科普的整体成效。具体而言,有以下几方面:

首先,常态化应急科普内容资源缺乏整合。重应急、轻预防的现象依然存在,平时缺乏科普资源储备,临时组织开展应急科普经常面临资源短缺,一旦仓促应战,科普的时效性与有效性就得不到保障。现实情况是,当前各级政府及其科普机构、社会科普组织及其个体开发了不少应急科普的内容资源,涵盖地震海啸等自然灾害类、交通矿难等事故灾难类、食品安全与禽流感等公共卫生事件类、踩踏与暴恐等社会安全类等多种类型,但是,无论是线下还是线上,目前这些资源总体上比较分散,缺乏系统性整合。以线上应急科普资源建设为例,目前多数科普内容资源都分散在各大网站,科普资源看似实现了开放普及,但是,公众难以快速从海量的资源中检索到自己需要的信息,导致不少优质的应急科普资源没有得到充分开发利用而出现闲置或浪费的现象。换言之,针对应急科普,我国缺乏系统性、分主题的科普内容资源库建设,尤其缺乏统一性的在线应急科普资源库建设。

其次,日常开展的预防性应急科普存在针对性不强、形式陈旧、内容单一等问题,无法对突发状态下的应急科普起到应有的预防补充作用,突出表现在:日常应急科普内容主题不贴合当地实际,存在为了完成考核任务而科普的现象,本土化、特色化不明显;地方政府在日常应急科普工作的开展上,除在安全生产月、科普宣传日、防灾减灾日等特定时点开展应急科普宣传活动外,持续性开展预防性应急科普活动不多;没有将应急科普融入公共文化服务、精神文明建设体系进行常态化供给;科普多以图文形式宣传而缺乏趣味性,公众获得感不强,等等。

最后,在规范化教育体系中,应急科普教育不够系统化。在当前中小学以及大学课堂教育中,应急科普教育基本分散在科学课程以及其他涉及应急科普的课程中,比如生理与健康、体育与公共安全等,而且多数为选修、辅修课程,学生重视程度有限,学习持续性不强,并未形成从科学知识、科学技能向科学思维、科学精神、科学文化逐步进阶的科学教育体系。

第三节 加强政府应急科普机制建设的政策思路

一、完善应急科普的政策与制度设计

第一,健全应急科普相关的政策法规。建议在《突发事件应对法》以及省市级科普条例中明确要求政府在应急管理中因需组织开展应急科普,并在各级政府应急管理预案中补充应急科普工作方案,包括政府应急科普的规章制度、领导组织、工作流程、行动机制等,稳步推进政府应急科普组织建设。在条件成熟的情况下,建议将应急科普纳入法制化轨道,探索制定《国家应急科普条例》,明确参与政府应急科普的科学家、媒体的主体责任和工作制度;按照应急科普服务应急管理整体需要的要求,明确应急科普工作委员会、科普智库专家参与重大科技政策咨询与决策等方面的权责地位;明确公共突发事件状态下社会媒体、自媒体有序参与科普传播活动的资质要求、内容审查与传播规范;制定并完善对以应急科普之名行非法牟利、渲染制造恐慌等行为的惩戒制度。通过法制

建设保障政府应急科普工作拥有良好的舆论环境，确保政府应急科普工作能够及时、规范、有序开展。

第二，完善政府应急科普的组织管理。建议在县级以上各级政府部门成立（应急）科普工作委员会，由科技管理部门、应急管理部门、科协等部门领导担任主要成员。面对公共突发事件，该机构在各级政府突发事件领导小组下负责应急科普工作的开展。同时，推进地方政府科普专家智库建设。发挥各级科协聚合专家人才的优势，为本级政府遴选本地区各专业领域的权威专家，分专业组建政府科普专家库，并实施人员动态管理。在日常情况下，专家成员可以辅助政府开展重大科技政策制定、科技项目立项的风险评估、决策咨询和公众解释等服务工作。如遇公共突发事件，专家可以被抽调组成政府应急科普专家团队（工作组），负责开展应急科普的内容生产与宣传服务。

第三，设计好应急科普工作的运行机制。建立健全应对公共突发事件的联防联控机制，设计好应急科普的工作流程，包括科普需求侦测、研判会商、内容生产、审查把关、推送传播等对接方式与平台建设，同时，完善跨部门的信息共享机制。各级政府的应急科普中心与政府的相关舆情管理机构、网络信息管理办公室、网络宣传办公室等部门建立信息共享平台，针对社会热点舆情进行信息交换和舆情推送，将应急科普应对置于政府舆情应对体系之中，建立科学类舆情与其他舆情的回应机制的衔接，提升政务舆情回应的整体效能。

二、加强对公众应急科普需求的精准识别

推动应急科普与公众需求精准对接就是构建应急科普的供需对接机制，其目的在于提高应急科普的精准性与时效性，具体包括以下几点：

第一，精准识别公众应急科普需求。2015年，中国科协、中国科普研究所

和新华网合作，共同建设了科普舆情数据监测系统科普中国实时探针。该系统监测数据平台共分为八个板块，分别是舆情总览、分析、科普热点、科普关键词、微博监测、负面预警、搜索、报告。根据网络科普舆情关注重点及科普舆情特点，该系统可以实现对数据的实时获取，从而为后续科普服务提供依据。因此，面对公共突发事件，各级政府可以在政务舆情管理系统中嵌入类似科普热点的侦测与分析模块，通过自建舆情分析系统或由市场舆情分析机构提供外包服务，探索基于大数据的社会热点动态监测。例如，根据阅读量与回复量等指标评估本地区相关舆情中涉科学议题的热度，对网民评论和媒体态度进行提炼概括，及时向政府部门发出应急科普需求预警，以便及时组织开展相应的服务。此外，针对各类涉科学议题的热点舆情，政府科普工作组可以向政府部门建言献策，帮助领导干部了解其中所涉及的科学知识与科学原理，分析可能引致负面舆情及社会风险的科学议题，提出建设性处置措施，辅助领导干部制定合理的行动方案。

第二，精准开展预防性科普服务。在公共突发事件爆发后，政府科普工作委员会可根据事态发展不定期组织应急科普专家团队开展集体研判，分析公众潜在的科普需求并组织开展前瞻性科普服务，主动把握话语权，引导公众正确认识事件真相、理解科学事实并采取科学的行动，增强公众对不实言论以及"科学谣言"的"免疫力"。建立公众应急科普需求在线表达平台，针对社会舆论热点，开辟讨论专区，公众可以在线表达需求，政府应急科普管理部门可根据公众的舆论关切去组织开展各种科普服务。

第三，精准做好补给性科普服务。在公共突发事件的演化周期内，应急科普专家团队需要基于舆情监测结果，就公众的热点关切及时进行解疑释惑。鼓励科普专家通过网络直播等新型科普方式与公众直接对话，增强应急科普服务的回应性。同时，有意识地在专家团队中培养广受公众认可的网红专家和意见领袖,提升其舆情引导作用。此外,在政府应急科普平台建立相应的板块和通道,鼓励和引导社会公众参与"科学谣言"举报和辟谣,加强对网络谣言的群防群治能力,助力政府应急科普工作有序开展。

三、构建政府应急科普的传播联盟

政府部门需要根据网络信息时代公众媒介使用习惯,高度重视新兴传播手段,注重新媒体平台建设,充分利用政府官方网站、政务微博、政务微信、政务账号以及其他新兴媒介,打造应急科普的官方全媒体传播矩阵,依托政府舆情回应系统建设统一的政府应急科普的传播体系。

第一,构建应急传播媒体联盟。为了解决当前政府应急科普平台分散、内容零碎等问题,县级以上政府可以整合本地主流媒体、顶流自媒体,协同政府官方自媒体,整合打造统一的政府应急科普传播联盟,发展包括微博、微信、抖音公众号等多类官方媒体终端,开辟应急科普专题网站、频道或栏目,使公众在应急状态下有一站式信息获取通道。在内容建设上,平台可以围绕政府决策部署、信息发布、辟谣解读、应急指南等板块进行整体布局,满足应急状态下公众多元化信息需求。

第二,发挥传统主流媒体的基础性作用。针对社会热点,制作各种应急科普节目、播发科普文章,发挥电视、广播和报刊这三类传统媒体在应急科普中时间长、内容实的传播优势。对涉及公众利益、需要社会广泛知晓的问题,政府部门可以邀请公众代表、科普专家、媒体代表开展对话,通过专家解读、真相披露、问答交流等方式提高相关科学议题的透明度,增强社会感知,回应社会期待,减少非理性舆论及谣言的产生,从而引导舆论走向。

第三,大力发展新媒体平台,增强舆情回应的及时性。丰富应急科普内容的传播形态。改变传统以图文为主的纸媒传播,发展以视频动画为主的视听传播,推动应急科普实现文字、图片、音频、视频等多种传播形态的全覆盖。利用政府微博、微信、公众号、在线直播间等多种新型平台,针对社会热点及时开展科普解读,发挥新媒体回应速度快、传播形式新的优势。同时,充分利用本土主流新闻媒体及所属网站、顶流网络新媒体和自媒体,构建本土传播联盟,提高传播覆盖面。

第四,加强应急传播的内外联动。应急科普是跨领域的合作,面对公共突发事件,政府不仅需要启动内部舆情处置程序,同时,还需要做好与外部社会科普组织、媒体的联络协调事务,共同回应社会关切。为此,可以通过政府应急科普管理部门的工作委员会和科普专家顾问团,建立与社会各类科普主体、媒体的联席会议制度,在突发事件或热点舆情演化过程中,确保内外各类主流媒体能够行动一致,形成科普合力。

四、加强对政府应急科普工作的管控

第一,严格管控官方权威科普信息的发布。在公共突发事件中,对于政府所发布的科普信息内容需要建立科普工作委员会内部审核机制,必要情况下可以借助外部智库专家进行质量把关,重点研判在公共突发事件不同演化阶段向公众科普的内容以及科普方式。

第二,整合应急传播体系对外权威发声。在公共突发事件应对中,应急科普专家及政府各部门、官方媒体在同类议题的科普宣传上,必须优先遵从政府应急科普组织所发布的信息,提升政府应急科普内容在官方传播体系中的主导性和权威性。同时,对外积极整合应急传播联盟的传播资源,促进政府科普资源在推送与传播上形成整体联动,使代表政府权威发声的科普信息能够第一时间广泛向公众传播，扩大政府应急科普的传播力、影响力和引导力。

第三，加强应急状态下对非政府科普行为的监管。应急科普是一种专业性的信息生产与传播行为，在信息多元化和舆论分化的传播生态下，要让代表政府的权威科普能作为主流发声，那么，有必要对于突发事态下非官方的应急科普行为进行合理规制。为此，所有社会组织、媒体和公众个体在生产传播与突发事件相关的科普信息时应该需要标明其信息来源，标识内容创作者的身份信息，以此更好地划归责任。在责任划分上，信息生产者及二次加工者对科普内容的科学性负主要责任，媒体对传播转载行为负有连带传播责任，以此促进媒体回归传播本职，将科普话语权交给专业人士。当然，科普工作者也必须以科学严谨的态度负责任地向公众开展科普。对于以科普之名从事非法牟利、渲染事态、制造恐慌等违规违法行为，建议在应急管理、互联网信息传播、公共安全等相关法律制度中完善或细化相应的惩戒措施，促进舆论环境净化，为政府应急科普工作营建良好的传播生态。

五、探索网络"科学谣言"防控新模式

在很多涉科学议题的热点舆情中，科学与谣言总是如影相随，并且容易成为舆情爆发的导火索或催化剂。现有研究认为，很多舆情事件之所以成为社会热点，一方面是因为普通群众科学知识有限、科学素养不高；另一方面是因为一些打着"科学"旗号实则兜售伪科学的谣言，很容易获得公众信任并加剧公众恐慌、愤恨的心理情绪。不容忽视的现实是，当前，信息传播的社交化打破了传统媒介传播的信息把关人机制，使得内容审核变得异常困难，很多人并不知道信息的真伪，有意或无意地成为了网络谣言的传播节点。就网络热点舆情而言，很多"科学谣言"总是事后控制、难以前期监管，这始终是政府舆情管理的一个

难题。笔者认为,既然事前控制尚有难度,除了加强事后控制(事实上已有造谣传谣的惩戒机制),更应该加强事中控制,即谣言传播过程中的控制。

正如研究所指出,一个信息自由流动的社会,必然可以内生出强大的信息鉴别机制,这便是自由竞争的力量。随着共享经济的发展,随之而来的众包模式已逐渐从企业生产、科技创新、商业运营等领域渗透到公共服务与社会治理等其他领域。所谓"众包",首创者杰夫·豪(Jeff Howe)认为其是利用外部各类主体的智慧和行动解决本来属于组织内部的事务。[①] 针对"科学谣言"的传播问题,运用众包思维加以治理是一个值得借鉴的新思路。日常生活中,分散于网络各个角落的广大科技工作者、专业科普人士是重要的防伪力量,可以效仿公众标记骚扰电话的方法,允许他们对各种网络平台,尤其是社交圈中转发的伪科学视频或图文进行评论、标记为"谣言"或者举报,以此来共同抵制伪科学的传播。那么,普通公众则可以通过这些标记或专业评论信息来判断该内容是否属于伪科学。这种集体纠错、群防群治的办法就是众包思维的应用,在一定程度上可以有效抑制伪科学"病毒式"扩散,减少其危害,未来仍需要不断探索包括这种众包模式在内的网络"科学谣言"防控新模式。

六、加大应急科普常态化开展的力度

早在 2005 年,国务院办公厅印发的《应急管理科普宣教工作总体实施方案》就强调了应急科普常态化问题。《突发事件应对法》也强调了对公众应急意识和应急能力的日常培养,明确要求基层政府及其组织需要就突发事件开展应

---

① 布拉汉姆. 众包[M]. 余渭深,王旭,译. 重庆:重庆大学出版社,2014.

急知识的宣传普及活动和必要的应急演练。2017年,《国家突发事件应急体系建设"十三五"规划》则从更高、更系统的角度提出了应急文化建设。笔者认为,应急文化是一种应急观念、思想、方法和技能的综合,本质上是一种科学文化,其建设需要一个长期的过程,其中,推动应急科普工作常态化开展是构建应急文化的重要举措。

第一,精准开展常态化应急科普。坚持早宣传、早发现、早干预,加强预防性应急科普,推动应急服务供给侧结构性改革。一方面,要结合本地易发、常发的突发自然灾害、公共安全事件,建立应急科普资源库。发挥各级科协的科普资源整合功能,在官方科普平台上建立应急科普资源库,按照主题进行分类汇总、编列条目,形成开放式科普资源信息中心或"数据超市",便于公众日常自主检索学习。另一方面,各级政府需要创新常态化科普服务方式和科普内容,将应急科普作为基层特色公共文化服务进行常态化开展。例如,编辑出版科普读物,制作和播出有关电影、电视、广播和动漫等音像制品。

第二,加强预防性应急科普教育。鼓励应急科普产品进行市场化供给,引导社会力量参与应急科普作品的开发与制作。当地政府应将应急科普纳入地方公共文化服务体系,对于本地易发的自然灾害、事故灾难、公共卫生事件等,可以编写相关的科普教材和资料进行预防性知识宣传;针对社区、农村、企业和学校等不同科普对象,应利用图书、报刊、广播、电视、网络等多种渠道开展应急科普知识宣传,向社会公众传授预防、逃生、避险、自救、互救等基本技能和避险措施;将应急科普知识和能力培养纳入中小学以及大学的必修课程体系,培养学生的公共安全意识、健康生活观念和自救互救技能,将应急知识与应急能力考核纳入各级学生综合素质测评的范畴。

第三,举办各具特色的应急科普宣传活动。加强应急科普志愿者队伍建设,鼓励科普志愿者深入工厂、农村、社区、学校举办论坛讲座、科普展览、展演活动,将科普内容融入当地喜闻乐见的文化活动,创新性地开展各具特色的应急科普知识宣传活动。多渠道筹集专项资金,开展各种应急培训与演练活动。利用科普场馆开展市民科普教育,深入基层开展应急科普现场咨询和救灾培训活动。在防灾减灾日、安全生产月、全国消防日等特定时点,开展形式多样、内容丰富的公共安全主题科普活动,使公众掌握预防、自救、互救、逃生等基本技能,增强应对突发事件的防灾减灾能力。

第四节 政府应急科普工作流程及其策略审思

一、政府应急科普的工作流程设计

在公共危机研究领域,不同的学者对危机演化流程有不同的分类。较为知名的理论如芬克(Fink)的危机管理四阶段模型(简称 F 模型)、米特罗夫(Mitroff)与皮尔逊(Pearson)的危机管理五阶段模型(简称 M 模型)以及奥古斯丁(Augustine)的危机管理六阶段模型。[①] 通观这些理论,他们都把危机前兆阶段的预警预备视为危机管理的初始阶段,事实也是如此。就政府应急科普工作而言,我们将前兆阶段的应急科普称为常态化应急科普,即日常针对易发

---

① 芬克的危机管理四阶段模型包括危机征兆、危机爆发、危机演化和危机消除。米特罗夫与皮尔逊的危机管理五阶段模型包括信号侦测、探测和预防、控制损害、恢复阶段和学习阶段。奥古斯丁的危机管理六阶段模型包括危机预防、危机准备、危机确认、危机控制、危机解决和危机总结。

常发事件的应急需要而进行的科普活动。公共突发事件一旦爆发,战时性质的政府应急科普便随之启动,由于这项工作较日常科普更为紧迫和棘手,因此,此处讨论的政府应急科普工作流程以突发事件发生作为启动应急科普的时点,即流程图的设计将公共突发事件爆发视为第一个阶段,后面依次是演化阶段、稳定阶段和消退阶段。

如图 7.2 所示,公共突发事件发生后,政府应按照突发事件应急管理工作预案,组建相应的指挥机构、工作机构、办事机构以及事发地基层政府的协同处

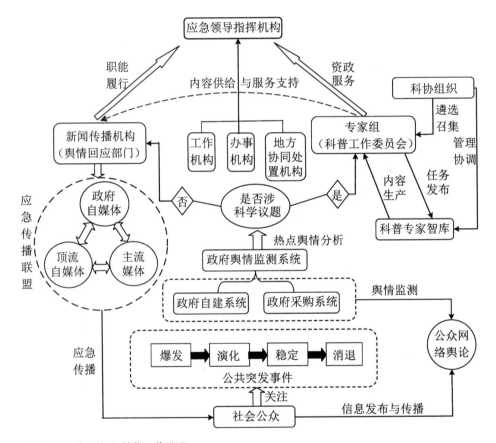

图 7.2　政府应急科普工作流程

置机构。与此同时,建立突发事件应急新闻传播机构,组建应急传播联盟,加强舆情监测管理和回应工作。在应急管理体系中,因政府应急需要,科协从科普专家智库中组织遴选与事件议题相关的领域专家组成专家组,参与应急科学决策咨询,包括应急科普工作的组织管理。

由于公共突发事件从发生到结束,可以分为爆发、演化、稳定和消退四个阶段。在各阶段,社会公众在关注事件进展中不断发表事件相关信息及其观点言论,形成舆情热点或焦点舆论,因此,政府舆情监测系统在其中进行实时监测,并生成舆情热点简报,推送至应急领导指挥机构,该机构将召集应急科普专家组进行研判。如果舆情不涉及科学议题,即为非科学类舆情,则交付政府舆情管理部门处理;如果涉及科学议题,则交由专家组评估其诱发舆情的风险高低,如果非常高,应马上启动应急科普工作。

一旦政府应急科普工作启动,科协应配合应急领导指挥机构,在应急科普工作上开展相应的协调和服务工作。比如,在科普内容生产上,动员科普智库专家进行内容生产,为应急专家组提供支持,协调非本地专家参与专家组工作,并做好内容审核管理(同行把关)。应急科普信息通过审核后,可以向政府新闻传播机构推送内容信息,并利用媒体机构进行技术加工,形成具象化的科普作品,增强内容可读性、趣味性、吸引力。比如,运用艺术性手段,提供富有乐趣的体验来吸引公众参与,以此提升科普效果。①

应急科普内容(作品)制作完成后,政府新闻管理部门可以依托政府应急传播体系进行广泛传播,对公众开展包括应急科普在内的各种舆情回应工作。此外,在政府新闻发布会上,可以邀请专家组成员出席,对相关科学问题进行现场

---

① Aafke F, Marjoleine G M, Frank K, et al. Art for public engagement on emerging and controversial technologies: a literature review[J]. Public Understanding of Science,2022,31(6):694-710.

解释。

需要补充的是,在公共突发事件的演化周期内,政府舆情监测系统需要不断进行监测。在这个过程中,政府应急科普专家组需要阶段性对应急科普成效进行评估和分析,例如科普内容的点赞量和媒体播放量,从而对下一阶段的科普工作思路和内容作出必要的调整。

二、基于事件演化的阶段性应急科普策略

第一阶段是公共突发事件的爆发期。这一阶段对于公众而言,未知与担忧的情绪是主要的。各种碎片化的消息、流言以及谣言从现场目击者、当事人等不同渠道散播,并通过口头、小众化的社交平台、私密度较高的圈群进行快速扩散。该阶段的话题分散度有限,人们更多关注事件本身的来龙去脉。该阶段对于应急科普工作而言,其难点在于,政府舆情监测系统刚刚启动,对传播隐蔽性较高的信息传播监测灵敏度不够,很难准确识别当前的舆情热点和走势。换句话说,附着于事件的科学议题还没有被充分挖掘。当然,在这一阶段,主动进行介入性报道是十分必要的,政府应急科普工作委员会可以将其中可能存在的晦涩难懂、有歧义或有误解的科学问题梳理清晰,提前解疑释惑,抢占信息传播的主动权和话语权。该阶段传播的策略应该是预防性策略,选择具有公信力与知名度的专家作为科普发言人,多讲科学事实,慎讲原因,尽可能引导公众关注科学议题的方向,防止出现异化或迁移。在传播风险信息时,政府应急科普工作委员会应认真核查每条新闻的准确性,并以公告的形式提供背书,以促进信息能被社会公众重视。同时,严控不实信息的发布,对散布谣言、煽动恐慌的言论者依法依规惩戒。当然,在事件爆发期,面对潜在的巨大风险,事实真相和社会行动指令不需要都告诉公众。有时候需要作出科学合理的权衡,因为毫无保留

的真相揭示或许会使人们变得更加焦虑,进而采取过激行动,这样反而不利于事态管控。

第二阶段是公共突发事件的演化期。尽管政府应急救援处置行动已经介入,但是事件本身或者由其引发的舆情尚处于演化之中。由于此前碎片化、隐蔽化的信息传播受到媒体的重视,并得到不同程度的确认。对于公众而言,已经确认危机已经发生且正在产生威胁,因此,公众情绪态度开始变得多元和复杂,既有担忧恐惧,也有愤怒质疑,当然也有理性淡然;有乐观者、也有悲观者,当然也有中立者。在这个阶段,安全感缺失的公众容易放大对风险的感知,为了缓解恐惧与焦虑的心理,会去主动寻找相关信息来填补自身认知空缺。与此相随的是,公众会随同情绪而持有不同的立场和态度,同时,也会应急性采取不同的行动来排解恐惧和担忧。其中,非理性行为会形成不良的示范效应,引发群体性效仿,给整个社会带来不稳定,滞缓政府对公共突发事件的处置。政府能否积极应对将严重影响公众是否能够重拾信心,政府的施政能力和公信力也因此受到考验。就应急科普工作而言,当网络媒体与传统媒体形成强烈聚合和交互传播时,舆情的焦点议题和公众关切已经基本呈现,那么,此时应及时围绕焦点问题(舆论争议点、社会关注点以及流行的"科学谣言")进行回应性科普,引导科学议题的"传播螺旋"向正确方向延展,防控舆情非理性化发展。当然,如果科学议题出现急剧分化时,需要及时把握持不同观点和立场的人群的各自利益关切,开展相应的专题性应急科普。传播策略上要更加强调重点人群和分众化传播。同时,为了增强应急科普对社会行为的规制性,政府应当在开展应急科普的同时发布应急管制公告,增强应急科普所指向行为的强制约束力。这个阶段的应急科普不是强制要求公众接受什么,而是负责任地告诉他们发生了什么以及应该做什么。

第三阶段是公共突发事件的稳定期,有人将其称为转折阶段、相持阶段,意在表示事态已经得到基本控制,因事件发生而被破坏的社会经济秩序已经开始恢复,各种损害已经达到极点或正在减缓收缩状态。此时的社会公众已经从最开始的担忧恐惧、手足无措逐步转向自我调适,心理压力开始减缓。更为重要的是,政府的积极处置已经使公众建立了战胜危机的信心,绝大多数公众开始遵循政府应急管制要求而采取一致的行动,社会整体防灾减灾救灾能力显著增强。政府到此阶段已经对事件的成因、破坏力以及其他负面影响都有了较为清晰的调查和研判。通过前期密集性应急科普,此时公众舆论焦点逐渐在聚合。因此,这一阶段的公众议程与媒体议程存在重合,政府应急科普应该是增强性科普,重点是引导教育公众特别是公共突发事件的牵涉者树立科学理念并采取行动,主动去适应新的环境与变化。例如,在疫情防控阻击战中,党和国家始终坚持高效统筹疫情防控和经济社会发展,坚持人民至上,科学应变,因时因势调整优化疫情防控措施。杨家英和郑念通过研究发现,疫情暴发初期,防疫科普内容以防护为主,宣传少外出、戴口罩、勤洗手等防护措施的必要性。随着疫情逐渐被控制,防疫科普的内容发生了变化,少外出变成少聚集,以居家为主的防护慢慢转变成复工防护和在办公场所的防护。随后,随着奥密克戎变异株致病力明显下降、病毒造成的重症率和死亡率明显降低,社会民众更加关注日常生产与生活。在这种情况下,中国政府主动优化防疫措施,先后有序出台了"二十条"和"新十条"措施,制定将新冠病毒感染从"乙类甲管"调整为"乙类乙管"的方案,将防控重心从防控感染转到医疗救治上来,最大程度减少疫情对经济社会发展的影响。与此同时,政府应急科普与政府政策决策作出了同步调整,推出了《新冠病毒感染者居家治疗指南》,并针对"早阳早好""主动寻阳"等错误言论进行了澄清纠正,为政府政策转向提供了充分的舆论铺垫和引导,促进政策转化为社会性共识和支持性行动。

第四阶段为公共突发事件的消退期。意味着突发事件得到了很好的处置,处于恢复重建阶段。经受事件考验的政府和公众都在反思和总结，形成了有益的经验。一般而言，当社会热点舆情形成后，政府组织开展应急科普活动的密度较大，相关科普宣传报道较多，但是在热点消退或事件进入平复期之后，则较少针对科学议题进行总结性或追踪性科普教育。其实，公共突发事件进入消退期并不意味着应急科普工作已经结束。相反，政府应急科普部门应该针对事件本身的科学议题进行总结，开展拓展性科普服务，对事件过程中涉及的科学议题进行系统性梳理回顾，对科学议题及其他外延问题进行系统性阐释，加深公众对相关问题的理解。传播内容上可以通过持续跟踪问题，针对核心科学议题相关的外围问题进行普及教育，对类似热点进行规律性总结。同时，统合事件中策划制作的优秀应急科普产品，并将其纳入本地应急科普资源库，作为常态化应急科普的资源。

概括而言，在不同阶段，应急科普应该关注公众对哪些科学议题感兴趣或心存疑虑，而不是本位主义地认为需要将什么科学信息告知公众。政府应急科普的初期目标是让公众重视公共突发事件中的科学议题及其引致的风险，其次是让他们发表正确的言论并采取符合应急管理需要的行动，特别是需要做出应急避险措施的人们。如表7.3所示，随着四个阶段的演进，政府应急科普的重点、功能、目标、传播策略都需要做出相应的调整，需要使用不同的传播沟通策略以适应应急管理的阶段性需要。

表7.3 公共突发事件四阶段的政府应急科普差异

阶段划分	情境特征	应急管理重点	应急科普功能	科普目标排序	应急科普策略
爆发期	事件存在较大不确定性；公众普遍存在恐慌与担忧；舆论强烈关注，追切寻求真相	应急救援	揭示事实真相，引导理性行动	应急知识、应急能力、应急思维	多讲事实，慎讲原因

续表

阶段划分	情境特征	应急管理重点	应急科普功能	科普目标排序	应急科普策略
演化期	事件存在较多变数,舆论多元化和撕裂;社会存在盲从应急行为	管控事态	及时回应"科学谣言",舆论引导	应急思维、应急能力、应急知识	强调重点人群和分众化传播
稳定期	事件的未来走势基本清晰;舆论热点基本呈现;公众情绪趋于平静,开始适应变化	规制约束	辅助政策制定,开展泛在化科普	应急思维、应急知识、应急能力	为应急政策规制提供科学解释
消退期	事件影响逐渐减弱;舆论热度逐渐消退;公众获得认知经验	恢复巩固	温故知新,增强公众科学素质	应急思维、应急知识、应急能力	常态化科普资源转化

三、应急管理情境下的科普相关问题审思

1. 政府应急科普的工具理性与价值理性问题

工具理性(instrumental rationality)和价值理性(value rationality)是社会学家马克斯·韦伯在区分社会行动类型时提出的。价值理性回答的是目标归属问题,遵循合理性的价值判断。工具理性回答的是手段问题,遵循的是效率的理性计算,进而选择达成目标的最优路径。对于政府应急科普工作而言,其首先需要解决的问题是如何科学有效地传播科学思维、知识、方法和技能,具有明显的工具理性诉求,同时,政府应急科普又包含行政价值目标,体现政府应急管理的行政理念,属于价值理性。因此,讨论政府应急科普,仅仅看到其中一面,必然会造成一方理性的扩张和另一方理性的缺失。人们通常的观念认为,

科学传播活动严格遵循着科学本位的理念，并认为科学应当被无条件信任与支持。因此，当公众没有表现出如政府或科学家所期望的对科学的信任与支持时，原因就被归咎于公众缺乏必要的科学知识与科学素养。[①] 换言之，一味强调政府应急科普就是客观无选择地传播科学，必然会带来"手段压倒目的"的问题，反之亦然。

笔者认为，在公共突发事件中，政府应急科普工作首先需要明确价值理性问题，即"为什么而科普"。回答这个问题可以邀请专家、社会人士、公众代表共同参与应急决策讨论并达成共识，确定科学合理的政府应急管理的路线方针政策，避免造成应急科普"目的替代手段"的问题。紧随其后的问题就是在政府应急政策决策下去思考应急科普工作应该如何组织、应该采取何种行动方案和传播策略。在多种科普工作方案中选择最有效率的，确保"手段服务于目的"。正如在防治新冠疫情上，我国选择"动态清零"政策，而不是西方普遍采取的"群体免疫"政策，之所以不同，根本在于价值理性认知选择上的不同。我国疫情防控的首要目标是最大限度保证人民的生命健康安全，这种价值目标一旦确立，那么政府应急科普工作就需要针对这种政策选择向公众作科学性解释，以此增强社会的理解和支持。

工具理性服务于价值理性要求政府应急科普工作内容要始终围绕政府应急决策来进行动态调整。例如，截至2022年11月，在新冠疫情发生近3年内，国家层面先后更新出台了9个版本的防疫方案。第一版到第六版防控方案针对的是原始毒株，第七版主要是针对阿尔法毒株，第八版针对的是德尔塔毒株，第九版主要是针对奥密克戎毒株。可以说，每个版本的出台都是根据我国的疫

---

① 杨正.超越"缺失-对话/参与"模型：艾伦·欧文的三阶科学传播与情境化科学传播理论研究[J].自然辩证法通讯,2022,44(11):99-109.

情形势来做动态调整的,对应的是不断优化调整的国家防控政策。例如,2022年11月国家根据形势调整防控政策,不再判定次密接,而且把密切接触者的管理措施由"7+3"调整为"5+3",这背后就需要应急科普在主题方向、内容选择以及传播策略上作出相应的调整,以便公众能够正确理解政策变化的科学依据。

2. 后真相与阴谋论是应急科普做得不好吗?

面对公共突发事件的科学议题,科学家群体掌握科学知识,理所当然成为科学传播者,而公众知识匮乏,需要接受科学知识,这是科学传播"缺失模型"的核心观点。显然,公众与科学家之间明显存在知识信息上的不对称,公众处于弱势被动地位,而科学家则拥有知识优势。尽管我们理想化地认为,公众应该而且必须接受科学家的知识补给,但是事实并非如此。科学家往往遵循的是科学论证的行动模式,负责任地传播科学事实,而公众所遵循的是自我感知与经验性解释,更多的是希望基于自身的知识体系(接受科普也可视为是不断完善和修正自身知识体系的行为)和经验来解释符合个人心理预期的结论。"后真相"是网络信息时代最具代表性的社会现象之一,典型表现是突发事件背后各种阴谋论①的传播。

普遍认为,阴谋论是出于对追求真相(认知性需求)、渴望控制(存在性需求)和获得社会归属感(社会性需求)的驱使。然而,相关研究表明,阴谋论非但不能满足公众的这些需求,反而可能强化其迷思、孤独和心理失衡的感觉,由此,可能造成公众与专家、公众与政府之间的观点分歧与行为对立。也有人认

---

① 阴谋论是一种特殊的谣言类型,往往与现实事件(或情况)相关,且常常被认为是一部分人秘密而有意地操纵与欺骗。"造谣者—阴谋者—接收者"三角立场中的二元关系建构是阴谋论谣言的底层说服逻辑(参考:袁会,蔡骐. 立场三角中的定位与论证:阴谋论谣言的说服策略研究[J]. 新闻与传播研究,2022,29(8):57-74,127.)。

为,阴谋论是后真相的缩影,阴谋论的普遍存在,强烈影响人们对媒体、政治和科学机构以及社会的看法,由此导致了激烈的舆论较真以及两极分化。简而言之,后真相与阴谋论是公众与科学家认知结构分化造成的,但背后存在复杂的社会心理因素,政府应急科普需要瞄准阴谋论背后的"科学谣言"载体,进行针对性科普,摒弃刻板的说教,加强情感性引导。同时,政府应合理管控舆论以配合政府应急科普,这样可以有效抑制后真相与阴谋论给社会群体带来的负面效应。

3. 公众完全绝对地信任科学家吗?

科学家作为科普内容的生产者,知识的专有性赋予其在公共舆论中拥有绝对的发言权,因此要求公众接受既定的真理与事实,并且无条件地信任。但是,在数字媒体日益占据主导地位的当下,公众在能够更多地参与科学传播的同时,也容易被各种负面信息所左右,从而破坏公众对专家及其传播信息的信任。一方面,他们主张建立一个依托专家智慧进行科学治理的社会,他们承认专家博学多识,会根据严格的科学实证方式生产科学知识,认为专家应该在政府决策和公共舆论中拥有发言权。正如 Sarah R. Davies 所言,科学传播之所以重要,是因为人们相信科学传播的作用最终关系到社会赖以或者希望赖以建立的基本原则——民主、正义和共享。① 另一方面,也有公众认为,虽然专家是科学决策的重要贡献者,然而,专家话语权的垄断和排他性,将公众排除在高度专业化科普或科学议题讨论之外,在某种程度上既是机遇又是威胁。寻求事实真相,不应该只听从专家的观点,因为专家本身可能带有某种偏见或其他个人动机,其提供的科普信息未必完全真实可信,并且,在以往的公共突发事件中,一

---

① Sarah R D. An empirical and conceptual note on science communication's role in society[J]. Science Communication, 2020,43(1):1-18.

些不负责的专家言论导致了事与愿违的结果,使得公众对科学家群体产生了不信任,因此,这些人认为,面对公共突发事件,还应该听从一些非科学人士与专家意见相左的观点。

在网络信息时代,一个明显的趋势是,得益于数字媒体对于公众的赋权、公民科学素养的提升、参与意识的觉醒以及相关科学技术话题的多元化视角,有这样一类公众,他们通过在网络上学习、吸收与整理科学相关知识与信息,并将其传递给其他公众,成为公民科学传播者(citizen science communicators),构建了一种的独特的公众参与科学传播范式。① 但是,现实中,这类公众自我标榜的科普工作人员身份却很难得到科学家群体的认同,最多被认为是民间科普爱好者,由此,公众与科学家群体在科普权威性上出现了互不认可的局面。

笔者认为,在网络信息时代,既然无法回避公众参与科普的事实,那么,缩减公众与科学家之间的知识鸿沟,改变公众不信任的态度,就需要加强各类应急科普主体的行为规范。一方面,需要因势利导鼓励公众参与科普信息传播,同时需要合理界定公众参与信息传播的合理合法性,并对其责任进行法律约束。另一方面,专家既是科学治理的技术贡献者,同时也可能是应急管理中的利益相关者,有着自身的利益诉求,如果专家权力过大,可能出现错误决策、以权谋私等问题,因此,也有必要对专家权力及其责任加以规定和约束。此外,还需要正确区分应急科普中的信息与舆论。信息是客观正确的事实,而舆论则带有主观情感态度的成分。例如,在抗击新冠疫情过程中,包括疫情的发病人数、感染症状、治疗药物及其疗效等信息都是客观的,这类信息除了安全需要之外

---

① Yang Z. Who should be a science communicator? The struggle for 'legitimate' status as science communicators between Chinese scientists and citizens on a Chinese knowledge-sharing platform[J]. Public Understanding of Science,2023,32(3):357-372.

应该保持权威、透明和畅通。相比较而言,舆论则带有很强的主观色彩,其中不乏偏见性看法、不实言论甚至谣言,基于应急事态的管控,需要对公共舆论行为进行必要的管制与引导。

4. 思维、知识与能力在应急科普中孰轻孰重?

政府应急科普的目标诉求是什么?思维、知识与能力究竟孰轻孰重?对此学界一直有很多争议。例如,尚甲、郑念通过对人民日报社、新华社、中央广播电视总台等主流媒体防疫科普的统计分析发现,媒体存在"重知识、轻思想"的局限。需要明确的是,思维、知识与能力是科普目的或者成效评价的三个层级指标。其中,思维(文化观念)是意识层次,知识是可测量的显层次,能力是基于知识获得而转化的应用能力。例如,针对地震的科学自救互救技能是建立在具备了一定的科学知识、较强的科学思维和学习应用能力的基础之上的,包含着个人隐性知识的应用,当然来源于对显性知识的内化。

公共突发事件既有易发常发的事件,如地震、台风等自然灾害,人们对此具有一定的认知与应对经验;也有突发事件,如新冠疫情、核泄漏等事件,人们对此缺乏先见经验。那么,不分事件类型而讨论思维、知识与能力在应急科普中孰轻孰重显然不科学。笔者认为,针对易发常发事件和偶发不寻常的事件,应急科普的目标取向应有显著差异,前者更强调能力展现,因为公众已经具备科学认知并对科学应对的技能方法有一定的积累,应急科普重点是提升公众的应对能力;后者更需要突出知识和思维掌握,因为面对不寻常的事件,人们的认知是短缺的,因此,科学认识是首位的,这需要科学的思维和知识获取,从而理性对待事件发生可能带来的风险与挑战。当然,同一事件在不同演化阶段,应急科普的目标重点也应有不同。在爆发期和演化期,为了平息公众的恐慌担忧和纠正非理性群体行为,政府应急科普可以先能力、后知识。当事件进入稳定和消退阶段,公众心理和行为趋于平稳和理性,应急科普则需要讲清楚事件中涉及的科学真相,促进公众知识增长并形成经验积累,整体提升公众科学素质。

5. 应急科普仅涉及公众议程、媒体议程和政府议程吗?

议程设置理论起源于传播学领域,旨在研究大众传媒的专题议程报道对公众认知的影响。之后,经过学者们进一步阐发,提出了公众议程、媒体议程、政府议程,并对三者的关系进行了广泛探讨。普遍遵循的是三阶段论,即舆情形成源于三个议程之间存在单向线性传导关系,这里既有强调媒体议程作用的媒体议程—公众议程—政策议程的解释模型,也有政策议程—媒体议程—公众议程的解释模型,当然也有公众议程—媒体议程—政策议程的解释模型。

笔者认为,就公共突发事件的应急科普工作而言,有两点需要补充。第一,研究政府应急科普的触发条件还需要补充另外一个议程——科学议程,即科学议题能否引起科学界或者是科学共同体的关注。开展政府应急科普涉及政府议程与科学议程的建构与统一的问题,原因在于政府擅长治理,科学家更精于科学,在公共突发事件状态下,只有二者达成共识才能开展政府应急科普。但是,政府应急科普一旦开展,就需要确保政府应急科普服务既定的应急管理目标,首先是能够引起媒体和公众的重视,即触发媒体议程和公众议程,并使二者与政府议程保持一致。很显然,面对公共突发事件,这四个议程的建构贯穿政府应急科普工作的始终,它们之间的关系状态创设了应急科普的基本情景。第二,在应急科普工作中,公众议程、媒体议程、政府议程和科学议程并非单一存在单向线性的传导关系,而是至少存在图7.3所示的几种类型的网络关系。

如图7.3所示,在这些网络关系中,政府应急科普或作为各类议程交互的最终结果,或作为某些议程的连接中介,起到了促发其他议程设置的作用。也就是说,针对公共突发事件,政府应急科普的开展需要清晰辨明其所在的情境,即四种议程相互链接的关系状态。这样,在不同的情境下,政府应急科普的要求显然是不一样的,比如政府应急科普是因为公众议程引发还是想要触发公众议程,不同情境下政府对应急科普工作的整体设计肯定有所不同。前者需要考虑公众议程已经关注什么、应该如何进行针对性科普;后者的政府应急科普更具有主导性和可控性,因为此时的公众并未就相关问题形成舆论关注,政府需要明确应该告诉公众什么内容、怎样引导公众舆论而避免诱发负面舆情。当

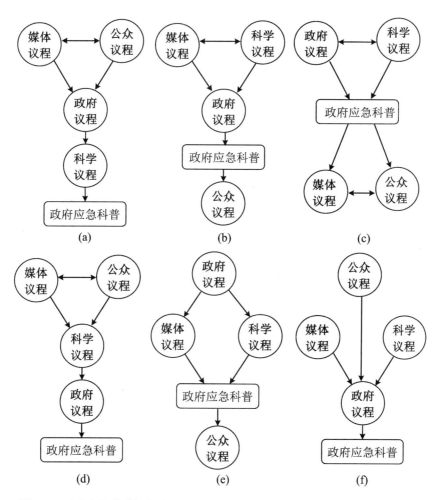

图 7.3 政府应急科普情境中的四种议程建构的网络关系

然,媒体公信力、政府公信力与科学公信力会影响这些议程的建构以及其能否形成正确传导。在这些网络关系中,因为有媒体、利益相关者、公众的参与,他们与政府和科学家在互动传播中对科学议题达成共识,并最终形成了政府应急政策,包括如何开展应急科普。也就是说,他们各自的利益诉求和主张经过这些议程转化,最终体现在政府的应急政策中。因此,只要四类议程实现顺利传导并且过程可控,那么政府应急科普就更容易达到预期成效。当然,这里仅作浅显的理论分析,对于此问题需要结合案例开展实证性研究,或许会有更多新的认识与结论。

第八章
科学辟谣：政府应急科普的核心策略

当前互联网成为人们自由获取与交互信息的重要媒介，附着于公共突发事件的各种信息往往在网络舆论场中加以呈现。在公共突发事件中，各种网络"科学谣言"危害社会稳定和公共利益的事例不胜枚举，在政府应急科普工作体系中，开展科学辟谣是应对公共突发事件各类负面热点舆情的重要工作。正如前文所言，应急科普的核心工作在于两个方面：一是向公众传播科学，揭示事实真相，指导科学行动；二是科学辟谣，用真相击溃流言。本章主要对目前国内科学辟谣机制进行比较分析，从各自利弊中辨明政府应急科普的科学辟谣策略。

第一节 短视频时代政府辟谣的现实困境

今天，以社会化媒体为主导的传播环境正在加剧谣言传播的复杂性①，很多"科学谣言"附着于公共突发事件，以深奥的"科学原理"和似是而非的"科学事实"作为主诉内容，相比其他谣言，更容易获取公众的信任。抗击新冠疫情期间的很多事例表明，各种网络"科学谣言"容易误导公众认知，引发社会恐慌和

---

① 孟威.社交媒体的谣言传播与主体责任[J].网络传播,2017(7):94-96.

非理性行为，特别是专业水军、智能机器人以及深度伪造技术的介入，使得谣言治理情况更为复杂严峻，严重危害了社会稳定与公共秩序，损害了公共利益，亟须寻求新的治理之策。

党和国家一直高度重视网络谣言的治理。2013年，我国最高人民法院和最高人民检察院公布了《最高人民法院、最高人民检察院关于办理利用信息网络实施诽谤等刑事案件适用法律若干问题的解释》，明确了网络谣言在什么情况下会构成犯罪。2015年，我国颁布的《中华人民共和国刑法修正案（九）》中也规定了对恣意造谣者的相应处罚条例。针对当前网络短视频平台的发展，国家也出台了《网络短视频平台管理规范》《网络短视频内容审核标准细则》《网络音视频信息服务管理规定》等专门性法律文件。在这些法律框架下，为了更好地治理谣言，各级政府部门相继建立了各种网络辟谣平台，总体上可分为两种。一是政府自建的辟谣平台，即依托政府官方网站或其他官方自媒体建立的平台。例如，中央政府因新冠疫情防控需要而组建的联防联控机制权威发布平台，该平台除了发布官方防疫信息之外，还兼有辟谣的功能。二是政府联合多家媒体、科普机构共同组建的辟谣平台。例如，2019年8月，由中国科协、国家卫生健康委、应急管理部和市场监管总局等部门联合组建的科学辟谣平台。基于这两种辟谣平台，政府辟谣工作形成了两种机制，即自我辟谣和联合辟谣。前者是政府部门主要通过发布公告、声明等方式进行辟谣，后者则是政府联合或委托相关机构共同进行辟谣，例如依托专业科普机构、专家对"科学谣言"进行辟谣。

随着移动互联网的发展，作为信息传播的新形态，"短视频＋社交"在公众信息传播中扮演着越来越重要的角色。根据iMedia Research（艾媒咨询）数据显示，2020年中国短视频用户规模已超7亿人。在此背景之下，视频类网络谣言诱发网络热点舆情呈现频发、多发的态势。尤其在公共突发事件中，各种虚

假短视频在社交群的传播已经成为网络负面舆情的重要发源地。面对新形势,政府辟谣的困境主要在于:

第一,谣言由传统的图文形式转向视频,从有图有真相到"眼见为实",增加了内容的迷惑性和辟谣难度。特别是不少视频谣言制作者通过扭曲科学事实、断章取义、场景拼接等手法,将其塑造成来自权威部门和专家的信息,很难通过简单辟谣予以澄清。当前,视频越来越成为主流的社会表达方式,除了叙述既有事实,视频中传达出的眼神、表情、语气等场景关系和情感要素更容易影响公众的认知与判断。另外,不少网络谣言暗含复杂的科学议题,仅凭政府自身难以达到解疑释惑、正本清源的目的,客观上需要依靠科学家群体对谣言的伪科学内容进行专业性反驳。但是,当前政府并未建立与科学家有效协作的常态化科普机制,导致难以针对这类谣言进行及时有效的辟谣。

第二,随着各类新兴社交媒体不断出现,网络谣言隐蔽化传播和网络化串联的特征更为突出。现实中,很多短视频谣言经常发起于小众化、隐蔽性较高的社交平台,但可以通过跨平台的转载进行潜伏性扩散,使谣言很难被及时侦测,一旦爆发网络热点舆情,就会令政府辟谣工作陷入被动。原因在于,一是不少谣言经过跨平台的多级传播,对其追根溯源比较困难,也就难以对其造谣者和传谣者进行相应惩戒;二是谣言出现久辟不绝的顽疾,难以彻底根治。不少谣言在多次转载、转发过程中已经被人为重构或注解,掺入了"友情提醒""内幕爆料"等情感元素,致使内容更具误导性和煽动性,在谣言的传播过程中会出现卡斯·R.桑斯坦所言的"社会流瀑"和"群体极化"现象①,出现多次辟谣仍然有"死灰复燃"的现象。近年来的"塑料紫菜""棉花肉松"等谣言就是很好的例证。

第三,随着各大短视频社交平台全面放开用户直播权限,构建"短视频+直

---

① 桑斯坦.谣言[M].张楠,迪扬,译.北京:中信出版社,2010:8-9.

播"的运营体系,网络直播正在成为视频行业的新业态,由此形成了数量庞大的视频主播与关注者(粉丝)两大群体。借助直播平台,他们构建了类似口头传播的虚拟场景,相比其他传播方式,直播更具有即时性和不确定性,无论是主播有意或无意传播谣言,直播平台都难以对其进行有效监管。例如,2017年快手直播平台的一名主播曾为了提高关注度而故意传播"洪水灾害死亡百余人"的谣言。现实中,事后澄清与封号往往是治理这类谣言的惯常举措,但是,这些举措难以消除谣言传播引致的负面问题。传播学的经典学说使用与满足理论(uses and gratifications)指出,受众的媒介使用行为有明确的动机是为了满足特定的自我需要。① 那么,主播通过直播而口述的谣言极易在其高度信任的粉丝群中呈病毒式扩散且容易建立起壁垒,出现社会流瀑问题。其结果是,尽管政府积极进行辟谣,但谣言无法根治,出现"越辟谣,越不信"的怪现象,甚至谣言会再次通过各种社交媒体聚合并诱发新的热点舆情。如果将这种情形置于公共突发事件中考量,舆情引导势必更加困难,这是短视频时代政府辟谣的又一新难题。

第二节 谣言与网络"科学谣言"的成因解释

"科学谣言"本身并不可怕,可怕的是其传播诱发舆情进而引发的各种负面

---

① 郭庆光.传播学教程[M].2版.北京:中国人民大学出版社,2011:165-167.

社会问题。今天,以社会化媒体为主导的传播环境正在加剧谣言传播的复杂性[1],很多"科学谣言"附着于公共突发事件,以深奥的"科学原理"和似是而非的"科学事实"作为主诉内容,相比其他谣言,更容易获取公众的信任。在公共突发事件中,加强政府应急科普工作的重要内容就是针对各类网络谣言开展辟谣性科普,以妥善应对各类舆情,为公共突发事件的处置营造良好的氛围。

早在1947年,美国社会学家G. W. 奥尔波特和L. 波斯特曼就解释了一般谣言的成因公式:$R=I\times A$,即:谣言传播强度=重要性×模糊性。简单而言,决定谣言传播强度的因素取决于信息的重要性和内容的模糊性。毫无疑问,这两个要素的程度界定均与受众的认知能力密切相关。后来不少学者对此进行了修正或完善。例如,罗斯诺认为,谣言传播强弱与公众的理解力、批判性判断力及客观环境和对信源怀疑造成的模糊性密切相关[2],由此提出了新的传播公式:$R=I\times A\times U/C$,即:谣言传播强度=重要性×模糊性×暧昧性/受众的判断力。国内研究人员胡钰认为$R=I\times A$的传播公式忽视了反常性变量,在他看来,谣言之所以传播,其表征的问题一定是不常见的或违反人们惯常认知的,因此,诠释谣言传播规律需要考察三个要素,由此提出:$R=I\times A\times A$,即:谣言传播强度=重要性×模糊性×反常性。此外,郭小安在考虑到信息透明度、社会政治环境等因素之后,提出了更为复杂的谣言传播公式,即:谣言传播强度=重要性×敏感性×模糊性/(官方权威性×公众理性),并指出,谣言传播强度与官方权威性和公众理性呈负相关,与话题敏感性呈正相关。[3]

---

[1] 孟威. 社交媒体的谣言传播与主体责任[J]. 网络传播,2017(7):94-96.

[2] Rosnow R L. Rumor as communication: a contextualist approach [J]. Journal of Communication, 1988, 38(1):12-28.

[3] 郭小安. 当代中国网络谣言的社会心理研究[M]. 北京:中国社会科学出版社,2015.

"科学谣言"与一般谣言既有共同点,也有自身的独特性,特别是,任何与科学相关的具有敏感特质的消息总能够在瞬间得到放大和广泛传播,因此,研究"科学谣言"的传播规律,已不能单纯在传统谣言解释框架下进行解读。换言之,简单套用 $R=I×A$ 公式或者其他解释公式,已不能完全解释"科学谣言"的传播问题。在对近年来"科学谣言"综合分析的基础上,笔者认为,"科学谣言"的传播除了满足重要性和模糊性两个基本要素之外,还需要考虑将另外两个因素作为其补充条件:一是缺失性(deficiency),二是割裂性(inconsistency)。其形成因素可以概括为:"科学谣言"传播强度=重要性×模糊性×缺失性×割裂性。其中,"科学谣言"的传播强度是指谣言传播的速度和热度(关注度和持续性)。重要性和模糊性是指"科学谣言"传播议题的要素,属于客观性要素。缺失性和割裂性是过程要素,属于主观性要素。

第一,在重要性上,与一般谣言相似,科技类谣言之所以广泛传播,是因为受众认为其传播的议题是极其重要的。那么,为何重要?一方面是由于其所表达的议题会给公众带来潜在的威胁,而且这种威胁是被公众所忽视或者未被普通大众所感知,暗含了议题的反常性(abnormal)特质。另一方面,仅有威胁是不足以构成重要性的,但是这种威胁会给人们当下或未来带来巨大损失,且有较大的发生可能性,这是公众所不愿意接受的。

第二,模糊性是指传播的议题及其内容具有不确定性。模糊性源于两个方面:一是议题本身的模糊性,例如"科学谣言"涉及的科学知识与原理具有复杂性。"科学谣言"所传播的内容看似科学但"貌合神离",往往迁就普通公众已有的认知体系,套用已有的知识体系和经验去解释全新的科学问题,其结果是,无论是有意还是无意,不仅没有科学地解释议题,反而增加了公众认知的模糊性,进而诱发公众猜忌、焦虑和愤怒等情绪,助长了公众的非理性行为。二是舆论分化造成的模糊性。在网络传播生态中,信源庞杂、观点不一是常态。立足于不同的传播动机和报道视角，一个确定性议题也有可能在舆论分化中变得模糊化，一般公众在纷繁复杂的信息取舍中就很难真正做到去伪存真。事实上，"科学谣言"的造谣者多以专业术语、权威口吻、实验实测来伪装，套用或自创科学原理包装谣言，增加公众的辨识难度。而且，"科学谣言"往往以反常性出现，很容易迎合公众"宁可信其有，不可信其无"的心理，进而获取公众的信任。当然，模糊性与重要性互为关联，共同构成"科学谣言"的基础条件。仅仅模糊而不重要，或者重要而不模糊，都不太可能引发"科学谣言"的广泛传播。

第三，所谓缺失性，主要考量两个层面：一是把关人的缺失程度。传统认为，媒体是信息的把关人，但在"科学谣言"上，科学家应该是真正的信息把关人。现实困境在于，在网络化、自主化传播时代，很多谣言是源于个体言论，且一般发起于某些隐蔽性较高的社交平台，也是政务舆情监测盲区，科学家无法在其传播前对这些信息进行事前把关，而只能事后辟谣。不仅如此，一些"意见领袖"、智能机器人不加证实地转载转发，也容易助长"科学谣言"传播，这就是当前"科学谣言"数量日益增多且传播速度加快的重要原因。二是公众的科学认知能力缺失程度。由于"科学谣言"一般都负载专业晦涩的科学知识与科学原理，并且通过"精心包装"的"科学谣言"具有不易证伪的特征，一般公众不仅难以辨别是非真相，而且容易受谣言的情感投射，选择盲目信任和传播，徒增辟谣的难度。

第四，割裂性是指科学家的内容生产与政府、媒体的辟谣发声存在割裂。在很多案例中，政府和媒体是辟谣的两个主要发声者，一个代表权威，履行谣言管控者角色，另一个掌握传播载体，懂得如何有效地传播。但是，针对"科学谣言"，辟谣的前提是能够有真实科学的理论依据证实谣言的伪科学性，这就需要科学家这样的内容生产者，实现政府、科学家、媒体三者相互协作、各司其职，共同消解谣言。现实中，正是由于科学家发声者的角色并未真正实现与政府、媒体把关人的角色良性合作,也就是存在割裂问题,导致科学家有心发声,但有科缺普,政府、媒体有心辟谣,奈何无处证伪,出现了权威难言、谣言难辟的现象。

第三节　网络"科学谣言"传播的主要策略

之所以要研究"科学谣言"传播的策略,是因为"科学谣言"的传播常常成为舆情爆发的催化剂,也是导致舆情恶化甚至失控的主要因素。有研究指出,科普就是需要区分不同人群,并针对谣言的易感人群采取针对性的科普策略,因此,有必要通过对近年来各类网络舆情中"科学谣言"传播的主要策略进行分析和归纳,以便更好地服务于应急科普的对策研究。根据近年来热点舆情中"科学谣言"的传播情况来看,随着网络信息技术的快速发展,"科学谣言"不再拘泥于传统的语言或文字形式,而是运用了文字、图片、语音、视频等多种表达形式①,出现了深度伪造问题。归纳起来,当前"科学谣言"传播的主要策略有以下几种。

一、假借权威策略

为了提升"可信度","科学谣言"传播者常用的策略就是假借知名人士、权

---

① 匡素勋,朱婷佳.突发事件中网络谣言的政府应对:以"泸县太伏中学案"为例[J].行政与法,2018(8):9-17.

威机构发布"科学谣言"信息。具体可分为三种情况：一是确有其人，但无其事。假借名人之口，传播虚假信息。例如，金能量口服液声称是中国华能集团与清华大学联合研制开发的高科技产品，事实上，华能集团主要从事水电开发，从未参与医药研制，而清华大学相关研究学院也并未参与金能量口服液的研发活动。二是模糊其人，并无其事。常用某大学、某科研机构、某知名大学教授等模糊口吻，传播虚假信息。三是没有其人，也无其事。完全杜撰或改编知名机构或知名人士来传播虚假信息，实际上该机构或个人并不存在。例如，"高铁：悄悄开启群发性地质灾害的魔盒"的谣言称，中国科学院西安地球环境研究所张拾迈教授经过全面、细致的研究，得出了"中国的地质不适合建高铁"的结论。经调查，该所的"张拾迈教授"查无此人。而后文章作者发表声明，所谓的"专家""夏尔谢夫力""斯蒂芬金效应"均为虚构。

二、断章取义策略

断章取义的传播有部分事实，但没有完全符合事实，因为传播者在进行二次传播过程中，有意或无意地截取其中部分信息进行传播，进而造成原意曲解，误导公众认知。此类传播一是忽视情境条件，故意放大问题或风险。例如，日本福岛核电站爆炸事故之后，国内公众通过互联网、电视及报纸等媒体了解到，日本当局在为核电站周围的居民发放"碘片"，以抵御放射性物质碘-131可能对人体带来的危害（实际情况则是日方准备了23万个单位的稳定性碘，在必要的时候才会发放供当地民众服用）。不久，这一新闻随后引发"吃碘盐可以防辐射"的谣言，显然，此谣言只关注"碘能防辐射"的结论，而忽视了使用的情境条件。二是有意或无意的错误解读导致风险放大。此类谣言的风险源于信息传播者有意或无意地对科学事实进行错误解读，或将特定条件下的实验结论泛化为一般普遍性结论,或将既无法证实也无法证伪的科学问题进行包装,人为放大其中的危害或风险,误导公众对原事物的认知判断,最终演化为热点舆情。例如,在寨卡病毒疫情中,由于凤凰卫视无意的错误解说,导致"寨卡病毒根源在于转基因食品"的"科学谣言"流行于网络,引发热点舆情(表8.1)。

表8.1 媒体错误解说引发网络热点舆情的典型案例

谣言是如何被造就的:"转基因食品(怎么可能)是寨卡头号嫌犯"

2016年,凤凰卫视制作了这样一则新闻视频:《世卫组织:不排除寨卡病毒与转基因有关》。这则视频中有如下片段:

(主持人)"世卫组织发言人在接受本台(凤凰卫视)记者采访时说,不排除像是转基因食品或杀虫剂可能是导致婴儿小头症的原因之一……"

(记者旁白)"……世卫组织不排除外界对转基因食品引发小头症的猜测。"

(现场采访,采访者,英文)"我说的是转基因食物,它有关系吗?"

(世卫组织发言人,英文)"我们正在研究所有可能与寨卡有联系的东西,特别是小头症和格林巴利综合征,请不要忘记这一点。更重要的是,任何新的可能相关的因素,当然得是合理的因素,我们都会探究其真相。"发言中"当然得是合理的因素"(within reason, of course)一句,在凤凰卫视的官方字幕中被删除了。

(记者旁白)"世卫组织发言人称,转基因食品等很多因素都可能是导致寨卡病毒引发遗传疾病的原因。世界卫生组织认为,转基因食品以及新型杀虫剂都被列为发病因素,也可能会使病毒再次变异,一些生产商已经被要求提供生产资料来配合科学家进行研究。"

在"寨卡病毒根源在于转基因食品"的谣言流行于网络之后,果壳网向这位发言人克里斯蒂安·林德梅尔(Christian Lindmeier)致函求证。他在回信中澄清:"我并未以世界卫生组织关于寨卡病毒发言人的身份得出过这样的结论。我已经联系了凤凰卫视,要求他们核实他们的新闻报道和叙述方式,因为这样的说法会留下十分错误的印象。我不认为我曾宣称过寨卡病毒和转基因生物可能有联系。"

资料来源:果壳网。

三、偷梁换柱策略

偷梁换柱与断章取义既有共同点,也有不同之处。共同点在于,二者都有部分科学事实的存在,也可以说这两类谣言的传播内容本身是存在一定的真实性。不同点在于,"断章取义"是根据传播目的对某个科学事实进行了主观修饰,"偷梁换柱"是对多个科学事实(材料)进行了杂糅或拼接,从而主观臆造想要表达的"科学事实"。这种策略又可以分为两种:一是在热点舆情事件中对某些科学概念、科学原理进行改造曲解,包装成貌似科学的信息,引起公众的关注和热议。例如,2007年,一则称广东省香蕉感染上了巴拿马病(俗称蕉癌)的新闻以惊人的速度在网络蔓延并形成热点舆情,其根本原因在于,该新闻将蕉癌等同于"患病香蕉有致癌物""吃香蕉会患癌",最终形成多个"科学谣言"。这些谣言打着"科学"的旗号,将蕉癌(巴拿马病)延伸为"吃蕉癌会患癌",迎合公众固有的恐惧心理,造成消费者恐慌,致使公众信以为真,引发关注和担忧。二是更换实验材料或条件,得出有图有真相的"科学结论"。传播者采取以假代真、以劣代优的方式,更换实验条件后得出所需的结论,再进行信息扩散。例如,"水变汽油"是当事人更换了实验材料而制造出的科学假象。在"高浓度纳米管对妊娠小鼠有害"的实验中,该实验结论被替换成"PM 2.5致孕妇流产率达七成"的谣言。2019年江苏响水化工厂爆炸案发生后不久,微博和微信朋友圈就大量转发现场爆炸的短视频和图片,"18名消防员因吸入大量致癌气体而牺牲"的消息通过网络快速传播并引发当地居民的恐慌,其事实真相是,被转发视频是盗用了2017年发生在新加坡某化工厂爆炸的视频。

四、凭空捏造策略

凭空捏造策略以社交媒体中流传的短视频形式的"科学谣言"居多,其特征是,完全捏造虚假信息进行传播,即通过创设特定的实验条件和方法、运用视频特效和剪接技术,得出所谓"科学"的实验结论来混淆视听。从某种意义上说,凭空捏造策略是前三种策略的综合。例如,"纸箱肉馅"事件的当事人声称包子的肉馅是用纸箱经水浸泡并掺入肉馅后制成的,其真相是某栏目组为提高收视率而精心策划的一则假新闻,结果却引发了公众对食品安全的恐慌。再如"塑料大米"的传言,网传视频并非在制造"塑料大米",而是塑料行业中一个最基本的塑料造粒过程。"塑料紫菜""棉花肉松"等问题均由信息伪造者自录视频,配上毫无科学依据的相关解说,将合理的事实歪曲为不合理的现象,引起公众不安和愤怒,诱发网络热点舆情。

第四节 应对网络"科学谣言"的典型辟谣模式

分析辟谣机制首先需要确定谁是辟谣主体,因为不同类型的辟谣机制的差异源于不同的辟谣主体及其构建的辟谣平台。[①] 根据黄斌的研究,目前主要有

---

① Difonzo N, Bordia P. How top PR professionals handle hearsay: corporate rumors, their effects, and strategies to manage them[J]. Public Relations Review, 2000, 26(2):173-190.

五类辟谣主体,即政府部门、商业机构、NGO 组织、媒体机构和联合辟谣组织[1],如表 8.2 所示。

表 8.2 网络"科学谣言"的主要辟谣主体

辟谣主体	网络辟谣平台	典 型 案 例
政府部门	政务门户网站、政务新媒体辟谣栏目	@上海发布、@平安北京等各类政务新媒体
商业机构	各类互联网企业自建的辟谣平台	新浪的@微博辟谣、网易的@微辟谣、腾讯的@谣言终结者、谣言过滤器公众号等
NGO 组织	由大学教授、记者、律师等身份组成并以公益为目的的辟谣平台	微博@辟谣联盟、科学松鼠会等
媒体机构	各类传统媒体或新媒体建设的辟谣平台	人民网的"求真"栏目、红网论坛 BBS 开辟的辟谣平台专栏等
联合辟谣组织	由网络管理部门、网络协会、媒体机构等联合建立的辟谣平台	北京地区网络联合辟谣平台、浙江媒体网站联合辟谣平台等

必须看到,随着自媒体的迅猛发展,公众信息表达与传播日益活跃,不少科技工作者、专业科普人士会通过自媒体或网络社交平台参与"科学谣言"的辟谣工作,由此成为极具传播力和影响力的"科普网红"[2],因此,这类辟谣主体也不应被忽视。

---

[1] 黄斌. 网络谣言辟谣研究综述[J]. 新闻研究导刊,2015,6(15):16-17.

[2] 董雁,于洋欢. 外宣媒体的战"疫"报道与中国国家形象塑造:以 CGTN 为例[J]. 传媒,2020(11):42-45.

科学辟谣是应急科普的重要内容,权威平台是应急科普的主要阵地。[①] 如前所述,目前"科学谣言"的辟谣主体主要是政府、科学组织、媒体机构和公众个体等,与之对应的辟谣平台亦可分为四种:① 政府辟谣平台,政府进行辟谣的各类官方媒体平台。② 科学组织或媒体平台,又分三类:专业科技组织的辟谣平台,如中国科协的科普中国;专业科学类媒体的辟谣平台,如果壳网的谣言粉碎机;一般媒体机构的辟谣平台,如人民网、百度、腾讯等网络媒体的辟谣站点。③ 个体辟谣平台,主要是科技工作者的科普自媒体平台或各种网络社交媒体的个人账户。④ 联合辟谣平台,这类平台一般由以上多个主体联合而建,既包括区域型媒体联合,如北京地区网络联合辟谣网站,也包括政府与媒体、科普机构的多主体联合,如中国食品辟谣网。从平台出现的先后顺序而言,前两类平台属于传统辟谣平台,而个体辟谣平台和联合辟谣平台出现相对较晚,属于新型辟谣平台。

不同的辟谣主体和平台拥有不同的辟谣模式。基于主体及其平台划分,我们可以将目前各种辟谣机制总体归为四类:政府主导型、媒体主导型、公众参与型和多主体联合型。

一、政府主导型辟谣机制

政府主导型辟谣机制是政府自我进行辟谣内容生产和信息传播的辟谣方式,主要是应对各类公共突发事件中的"科学谣言"。如图 8.1 所示,这种辟谣机制的典型特征是政府主导,在整个辟谣过程中,政府及其职能部门是辟谣主

[①] 王志芳. 新冠肺炎疫情中科协系统应急科普实践研究[J]. 科普研究,2020,15(1):41-46.

体。为了应对谣言,政府辟谣过程一般分三步开展:① 政府对谣言涉及的职能部门下达行政指令;② 由职能部门按照相关行政程序对谣言内容进行调查取证,必要时会邀请专家辅以问题分析与判断;③ 如果确定为谣言,则立刻由谣言涉及的职能部门主导进行辟谣内容生产,并最终形成规范化的公文,其内容以陈述事实、揭露谣言为主,辅以规制和警示。

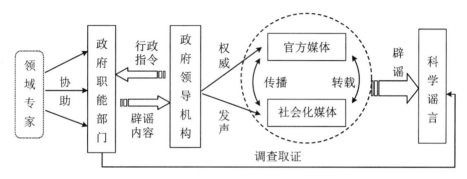

图 8.1 政府主导型辟谣机制

一般而言,政府主导型辟谣是通过政府官方新闻发布会或官方媒体进行权威发声。由于这类谣言已经引起了公众的舆论关注,因此,一经发布就会快速被各类媒体转载,发挥辟谣作用。例如,2022 年 12 月 7 日,优化落实疫情防控新十条发布,提出加快推进老年人新冠病毒疫苗接种。随后网络开始出现"患有慢性病的老年人不能接种新冠疫苗"的谣言,对此,国家卫生健康委代表国务院联防联控机制召开新闻发布会进行了详细解答,提出慢性病不是接种新冠疫苗的绝对禁忌,并提出了四种不能或暂缓接种的情形,既有效回应了"患有慢性病的老年人不能接种新冠疫苗"的武断结论,同时,也对哪些特殊人群不能或暂缓接种提出了科学指导,有效消除了谣言。这里的谣言处理基本上遵循的是行政模式,通过行政组织内部的职责分工与领导协调,来实现辟谣内容的生产,同时通过官方途径对外传播。

二、媒体主导型辟谣机制

媒体主导型辟谣机制的典型特征是媒体主导。这类媒体一是本身为科学类专业媒体,如果壳网及其谣言粉碎机主题站;二是自身能够获得专业科技工作者辟谣支持的非科学类媒体,如腾讯网及其谣言过滤器主题站。

这类辟谣机制的典型特征是,媒体组织内部一般有专业科技人士,能够针对谣言进行辟谣内容生产并通过自身媒体进行传播。以果壳网为例(图8.2),该平台主要通过谣言粉碎机、流言百科和谣言粉碎机小组来进行辟谣。除此以外,果壳网建立了问答栏目,用户可以在线自由提问,其他用户或者是果壳网的专业人员可以参与讨论或给予解答,其中就包括谣言的求证工作与解答释疑。以"紫菜是塑料做的"这一谣言为例,2017年2月,一条称紫菜撕不断、咬不烂的视频在各大社交软件被人转载,果壳网在同月就发布了文章进行辟谣,文章对视频中让人产生误解的紫菜是半透明状、颜色深、撕不烂、有腥臭味的情况都进行了具体的分析,运用专业知识解释清楚该现象产生的原因。

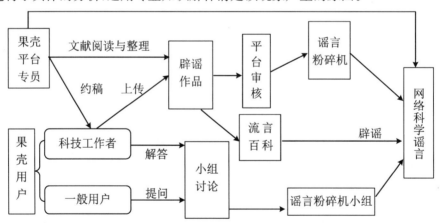

图8.2 媒体主导型辟谣机制(以果壳网为例)

这类平台的辟谣思路是,先由平台工作人员定期收集公众关注度较高的"科学谣言",再通过专业文献的检索学习来针对性证伪,同时也会向平台外部的专业人士发出辟谣请求,共同完成辟谣内容的生产,最终形成图文并茂的辟谣作品。当作品由平台专家审核通过后便在自身平台上发布,起到辟谣作用。

三、公众参与型辟谣机制

公众参与型辟谣机制主要是科普工作者通过自媒体或社交媒体公共平台参与辟谣。针对网络"科学谣言",媒体平台本身并不承担辟谣内容的生产与传播,而是由平台的入驻用户完成,平台管理方只是为公众参与辟谣开放网络空间并提供必要的管理服务。在国内,这种平台有新浪微博的@微博辟谣栏目、知乎APP的相关辟谣板块、抖音APP的抖音辟谣账号等。

以抖音辟谣为例(图8.3),这类辟谣机制包括谣言监测、辟谣内容生产和辟谣传播三项工作。首先,得益于该平台拥有广泛多元异质的用户,既有普通公众,也有政府官员、各领域资深专家以及富有影响力的自媒体人,因此,在谣言监测识别环节,无论是何种身份的用户,若接触到疑似谣言的内容均可通过平台举报。同时,该平台也会通过内部监测系统对高流量的内容予以重点监控。一旦监测到疑似谣言,平台会及时向平台用户发出风险提示,同时会展开求证,如果鉴定为谣言,则马上启动辟谣工作。例如,2019年,"窦性心律不齐是异常现象""喝瓶装水致癌"等谣言视频都在抖音平台上引发过舆论热点。热点出现后,抖音平台及时对这些谣言视频进行了风险提示,并将辟谣任务发包给已认证的医疗工作者和专业科普机构账号(如@南方健康、@科普中国等)进行辟谣内容生产和推送。其次,在辟谣工作上,该平台同样是依托公众来共同行动。一旦平台出现谣言,抖音平台会及时将辟谣任务分包给已认证的科学机构或科技工作者,他们可以针对谣言自制辟谣视频上传平台。该平台会将优质辟谣视频与对应的谣言进行整合,形成一个既包括谣言又包括辟谣的对比视频,并通过官方账号发布,同时鼓励用户参与转载以及外平台转发,以此达到谣言共治的目的。此外,该平台还开通了辟谣话题评论区,以供用户对辟谣的实际效果进行讨论和反馈。该平台通过对话题评论区的观点分析来评估前期辟谣成效并因需及时开展二次辟谣。

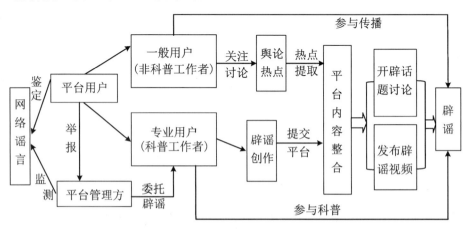

图 8.3 公众参与型辟谣机制(以抖音辟谣为例)

四、多主体联合型辟谣机制

为了促进政府、媒体和科学家群体协同开展辟谣工作,近年来,国内已经出现了跨界合作的多主体联合型辟谣平台。这类平台一般是由政府信息管理部门发起,某家媒体或科技组织承办,并联合多家媒体、各领域权威专家共同组建而成。例如,2015 年 8 月,新华网联合食品行业协会等机构成立了中国食品辟谣联盟;2018 年 8 月,中央网信办违法和不良信息举报中心主导成立了中国互联网联合辟谣平台；2019年8月，中国科协联合多家单位成立了科学辟谣平台。

建立联合辟谣机制是为了整合政府、媒体和科技工作者等多方资源力量，提升对"科学谣言"的联合治理能力。这类辟谣机制的典型特征可以概括为联动发现、联动处置、联动辟谣、联动免疫。以中国互联网联合辟谣网为例，其辟谣流程如图8.4所示，简而言之，就是：谣言的联动监测与识别——→政府、媒体和专家的联动应对——→全媒体联动辟谣传播——→联动增强公众的谣言免疫力。再以中国科协和有关部委共同建设的科学辟谣平台为例，该平台是2019年8月中国科协联合中央网信办、国家卫生健康委、应急管理部、市场监管总局等部委建立的科学辟谣平台。这个平台充分发挥了科协的组织优势和智力优势，组织科学家开展及时辟谣活动，在开展科普的同时，不断强化价值引领功能。通过谣言研究、内容生产、联合发榜，逐渐形成了捕捉线索——→及时辟谣——→正向传播的完整工作流程。这个平台自开通运行至今，获得了积极成效。据统计，截至2022年7月，科学辟谣平台专家库的在库专家人数已经达到1607人，辟谣库累计收集谣言达到11464条，发布辟谣作品3911个，总用户数量已经达到756万，累计传播量和话题量超过了73.2亿次。[①] 很显然，建立联合辟谣机制是为了整合政府、媒体和科技工作者等多方资源力量，提升对"科学谣言"的联合治理能力。

[①] 王挺. 中国科学辟谣平台已发布辟谣作品3911个 传播话题量超73亿次[EB/OL].（2022-09-05）[2023-12-10]. https://www.chinanews.com.cn/sh/2022/09-05/9844976.shtml.

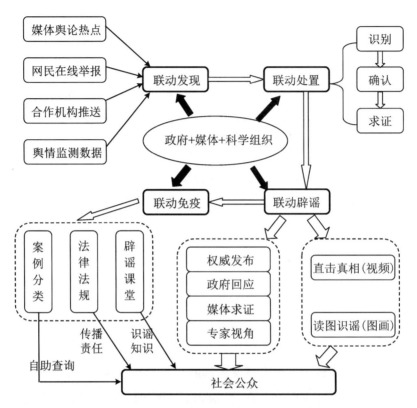

图 8.4 多主体联合型辟谣机制(以中国互联网联合辟谣网为例)

第五节 四类辟谣机制的优劣势比较分析

无论是谣言传播还是科学辟谣,其本质就是一种信息传播,涉及信息获取、风险感知与行为态度的改变三个关键变量。在学界,风险的社会放大理论作为解释当前信息化传播时代的风险感知与扩散的基本框架一直备受推崇,该理论指出,信息过程、制度结构、社会团体行为和个体反应共同塑造了社会风险感知,从而促成风险结果。对于辟谣机制优劣势的探讨无外乎是对各类辟谣机制在控制或化解信息风险(信源、信道、信宿)上的实际成效进行归纳总结,具体如下:

第一,政府主导型辟谣机制的优势在于权威。通过严格的调查程序并以具有法定效力的公文进行辟谣,具有强制性和威慑力,效果直接。当然,也正因为政府辟谣需要经过完整的调查取证程序,因此,反应慢、耗时长且容易导致谣言失控是这类辟谣机制的缺点。另外,由于政府主导型辟谣机制往往对调查过程与事实结果具有独占性,会因此降低其他辟谣主体的参与度,造成信息透明度不足,往往会引发公众质疑、猜忌或不信任。[1] 此外,政府辟谣的内容表述过于公文化,往往以公布事实结果为主,缺少对谣言根源及其相关科学问题的深度解析,难免说服力不足,导致公众对辟谣内容的理解和接受度降低,使谣言出现"久辟不绝"问题。

第二,媒体主导型辟谣机制特别是专业科学类媒体主导的辟谣机制,其优势也是极其明显的:专业且有较高的影响力。例如,果壳网拥有专业的科技工作者团队,工作人员具有较高的科学素养,辟谣内容的生产遵循严格的科学规范,通过采集大量真实可靠的文献资料或实验数据来深度破解谣言,可以有效增加辟谣内容的可信度。然而,正因为这类辟谣机制需要科学而严谨的求证过程,因而费时、费力。据果壳网辟谣专业人士介绍,破解一个谣言,短则需要一两天,长则需要一周,其中大部分精力花在了数据资料的搜集上,因此,缺乏经济支持以及平台内部人手短缺往往是其掣肘因素。此外,此类辟谣作品多以科

---

[1] 李丁,张华静,刘怡君.公众对环境保护的网络参与研究:以 PX 项目的网络舆论演化为例[J].中国行政管理,2015(1):68-72.

普叙事为主，尽管内容深度有保证，但多以图文形式出现，出于科学严谨的考虑，其内容存在晦涩难懂的问题，难以契合当下公众短、平、快的信息偏好，故而传播力有限。当然，前期大量的辟谣求证工作往往导致辟谣速度滞后于谣言传播速度，致使辟谣效果不理想是这种模式的又一缺陷。

第三，公众参与型辟谣机制的优势在于泛在化和规模性，可以实现群防群治来对抗谣言传播。同时，公众的主动参与也是对政府和媒体辟谣的一种促进[1]。笔者认为，随着短视频社交平台的兴起，通过趣味化和场景化的短视频对用户进行辟谣（科普）很受公众青睐。类似抖音辟谣平台开创了一种全新的辟谣模式，为广大公众参与辟谣提供了新路径。总体而言，这类平台有效发挥了公众的力量去识别那些尚处潜伏期且未引起舆论关注的谣言，并依托公众的智慧共同消解谣言，从而实现谣言的自我净化。当然，这类辟谣机制也并非完美无缺，在实际工作中也存在以下问题：一是普通公众参与辟谣的作品深度不够，内容质量良莠不齐，科学严谨性难以保证，甚至出现"以谣辟谣"的情况，增加了辟谣工作难度。二是公众共同参与的辟谣越多，意味着注意力越分散。"鱼目混珠"的自创辟谣内容无疑会分散权威优质的辟谣内容，令公众陷入内容选择的新困境。三是囿于科学素质的差异，部分公众参与谣言举报存在错报、误报、重复举报等问题，必然会增加辟谣工作的复杂性。

第四，多主体联合型辟谣机制的主要优势在于能够聚合各方力量（政府、媒体、专家等）进行协同工作，可以促进各方辟谣资源的有效对接，提高辟谣工作效率。更为重要的是，这类平台融合了专业科学家和政府公信力两项优势，大大提升了公众对辟谣内容的信任度。从受众角度而言，公众可以同时获取来自

---

[1] 何智莅.社交媒体时代灾后谣言传播中的快速辟谣研究：以九寨沟地震为例[J].新媒体与社会，2018(2)：24-46.

政府、媒体和科学家等不同主体对谣言的多重证伪信息。而且,此类辟谣既有故事情节性较强的新闻视频类的辟谣节目,如新闻报道、人物采访、现身说法等,也有偏严谨规范的科学实验或科普节目,可以有效满足公众多样化的信息需求,增强其对辟谣内容的接受度。当然,这类辟谣机制亦有其不足:第一,尽管倡导政府、媒体和科学组织的多方联合,但政府部门多为指导单位,实际运营一般是由某家媒体或科学类团体组织主导,各主体之间是协作而非指挥管理关系,管理机制尚不成熟,因此,在实际辟谣过程中,难免存在分工责任不明确、辟谣行动难以协调等问题。第二,不少科技领域的专家多以兼职或临聘的方式参与其中,流动性较大,团队不够稳定,实际参与度有所影响。第三,这类辟谣平台很多属于综合性辟谣平台,并不仅仅针对网络"科学谣言",因此,各类辟谣信息冗杂,存在碎片化的问题,缺少立足公众角度的"按需供给"。

第六节　公共突发事件网络"科学谣言"治理进路

习近平总书记指出,全媒体不断发展,出现了全程媒体、全息媒体、全员媒体、全效媒体,信息无处不在、无所不及、无人不用,导致舆论生态、媒体格局、传播方式发生深刻变化,新闻舆论工作面临新的挑战。在网络社交媒体时代,大量网络"科学谣言"的传播不仅给人民的生产生活带来困扰,也给公共突发事件中的政府应急管理及其舆情管控带来新挑战。诸多事例表明,各种网络"科学谣言"容易误导公众认知,引发社会恐慌和非理性行为,严重危害社会稳定与公共秩序,损害公共利益,亟须寻求新的治理之策。尽管目前很多研究从传播阻隔、公众素养培育、法律规制等角度探讨了谣言治理问题,但"科学谣言"应当止于科学传播,治理"科学谣言"需要加强应急科普,构建科学有效的辟谣机制。

一、整合各类主体,构建谣言治理共同体

面向公共突发事件,需要构建谣言治理共同体,整合各类辟谣机制,扬长避短,形成规范有序的协同工作体系。一方面,需要加强政府内部辟谣工作的协同。地方政府应将"科学谣言"治理纳入公共突发事件应急管理体系之中,作为应急科普的重要工作内容,舆情管理部门与应急管理部门应完善信息共享与协作制度,建立相应的应急科普衔接机制。另一方面,需要加强政府与外部辟谣主体之间的协作。因为科学辟谣既需要专业、权威的科学解释,也需要广大媒体的传播支持。现实中,尽管一直倡导构建政府、媒体和科学组织等多主体的联合辟谣联盟,但各类辟谣主体及其平台基本上还是各行其道。对此,地方各级政府需要对本级各类辟谣主体及其平台资源进行整合,加强对各类辟谣主体的协调管理,推动不同辟谣平台在舆情监控、谣言识别、谣言应对上开展全方位合作。

二、综合发挥四类辟谣机制的优势

上述四类辟谣机制各有优势:政府主导型具有权威性,媒体主导型具有传播影响力的优势,公众参与型在谣言监测和应对上具有及时性和广泛性的优势,多主体联合型具有资源整合的优势。如果将谣言分为尚未形成网络舆论热点的萌芽型谣言、突然爆发且快速形成热点的龙卷风型谣言和一直不温不火的文火型谣言,那么,基于各自的优势,公众参与型、媒体主导型更适合萌芽型谣言和文火型谣言的辟谣,因为依托媒体曝光和公众举报,能够及时发现谣言并

开展对抗性传播,达到防患于未然的目的。相比之下,政府主导型和多主体联合型更适合热点谣言的辟谣,针对的是已经引起广泛舆论关注的龙卷风型谣言,因为政府主导型辟谣的"掷地有声"和多主体联合型辟谣的"联防联控",可以快速起到止火灭焰、正本清源的作用。换言之,治理网络"科学谣言",需要根据谣言的扩散程度和事态影响,侧重不同辟谣机制的运用,综合发挥各类辟谣机制的优势。

三、推进政府主导的联合辟谣机制建设

推进政府主导的联合辟谣机制建设,目的在于打造权威规范的官方辟谣系统,能够代表政府权威发声,在公共突发事件中能够统领各类辟谣平台协同开展工作,引导社会舆论走向。对此,各级政府可以依托舆情管理部门建立由政府主导、主流媒体和权威专家等共同参与的官方联合辟谣平台,建立相应的协同工作机制。一是需要加强顶层制度设计。完善政府应急管理和舆情管理制度,建立官方辟谣平台的信息搜集、甄别、辟谣和发布等工作规范。二是构建科学有效的运行机制。建设政府、科学家、主流媒体三类主体协同工作的应急科普机制,构建线上与线下相结合的工作平台,面向日常和突发两类状况下的热点科学舆情,构建广泛汇聚、科学解读、矩阵传播、源头阻断的辟谣生产与传播的分工协作体系。① 三是完善联合辟谣相关保障条件。在辟谣专家库建设、辟谣平台结构设计、公众参与管理等方面有具体的操作方案,使平台运营管理能够有序进行。

---

① 牛瑾.让科学"跑赢"科学流言[N].经济日报,2019-12-24(13).

四、创设网络平台，推动公众有序参与辟谣

党的十九届四中全会提出，"建设人人有责、人人尽责、人人享有的社会治理共同体"。谣言治理是社会治理的重要组成部分，构建群防群治的谣言治理共同体是网络社交媒体时代的客观要求。正如研究所指出，当今世界已进入风险社会，新问题、新挑战不断涌现，我们亟须构建全社会多元主体协作的一套社会化协同辟谣机制，以应对谣言。① 在公共突发事件的应急科普活动中，科学辟谣的信息越多，谣言危害越低，清除越快。理想的辟谣方式是政府权威供给信息、传统媒体及时跟进、网民自我净化的联动协同。② 提高辟谣工作的公众参与，需要利用广泛分散的公众力量来实现群防群治。前文中的抖音辟谣有效引导用户参与谣言识别、辟谣内容生产与传播，是建立人人有责、人人尽责、人人享有的谣言治理共同体的有益尝试，这对改进政府辟谣机制、提升政府舆情回应能力具有较好的借鉴价值，政府部门可以探索构建类似的辟谣平台和工作模式，积极推进针对网络谣言的社会共治。

五、提升公众媒介素养，减少谣言生存空间

谣言之所以成为谣言，关键在于民众对谣言的信任与传播。因此，科学辟谣从根本上需要回到公众的自觉抵制，即提高公众的谣言辨识能力，进而主动

---

① 江苏佳.信息疫情:新冠疫情谣言传播及应对研究[J].科普研究，2020,15(1):70-78.
② 郭小安,董天策.谣言、传播媒介与集体行动:对三起恐慌性谣言的案例分析[J].现代传播(中国传媒大学学报),2013(9):58-62.

参与辟谣,压缩谣言传播空间。一方面需要加强公众科普教育,提升公众科学素养,将科普教育纳入基层公共文化服务体系,针对各类易发、常发的谣言进行常态化科普宣传,提高民众的谣言辨识力,防止谣言"改头换面、死灰复燃"。另一方面需要提升公众媒介素养。传播学知名学者麦克卢汉"媒介即信息"的观点表明,作为信息传播载体的各种媒介,其本身就会影响它所传达的内容。身处网络社交媒介时代,如何正确看待新媒介远比信息本身更为重要。特别是,经过深度伪造技术加工的谣言让民众深信不疑,充分反映出公众媒介素养滞后于时代发展的脚步。加强公众媒介教育的重点在于引导公众正确看待新媒介及其传播规律,提高自身媒介使用和批判能力。在公共突发事件中,面对各类不明信息,不轻易转载传播,而是通过自身所能接触到的渠道进行查证核实,共同减少谣言的生存空间。

第九章
法律规制：政府应急科普的主体责任界定

政府应急科普本质上属于一种政府应急管理行为，具有较强的规范性和约束力，客观上需要通过法律对参与这项行为的主体进行必要的责任规制。本章将重点研究政府应急科普的三方主体责任规制问题，同时也对社会科普主体参与应急科普行为的规制问题进行一定的探讨。

第一节　政府应急科普主体责任的学理性分析

一、应急行为管制：政府主体责任分析

政府责任衍生于宪法，既是一国主权行使之必须，又是保护公民权利之所在。对于公权主体来说，其法律责任与法律权力不可分割，政府责任根源于宪法权力赋予的政府权力，故分析其责任核心必须以政府权力为导向。对于政府应急科普来说，政府主体的法律责任主要来自于其应急行为管制的权力，包括两个方面：

一方面，应急行为管制是政府应急科普的同步活动，类比于一般公权力的行使过程，应急科普是一种协同行为，包括事前预警、事中应对以及事后恢复，

应急科普可以为政府正当履职的管制行为提供背书,可以增进社会理解和支持,因此,政府不仅是应急管理行为的发起者与决策者,而且还要担负起应急科普行为的监管责任,该权力的行使不得放弃也无可避免。同时,应急科普在某种程度上也为政府应急管制行为提供了行动指南和约束边界,因为,在应急状态下,政府公权力存在不断延伸或外拓的内在正当性,但是,过于强大的政府既为公民提供保障又可能对公民造成伤害[1],因此要对应急管制行为进行合法规制,以增进其正当合理性。以应急科普作为政府应急管制权力行使的参考是十分必要的,特别是在需要依托科学技术指导的专业救援行动中。

另一方面,应急科普管制既包括对应急科普主体的管制,也包括对应急科普主体行为的管制。该管制权力从发起到结束都是政府的专属行为,始于应急预警,终于事件影响评估。具体来说,有以下几点:一是制定应急科普工作规范的权力,包括拟定应急科普有关的政策、组织程序和实施办法等法律文件;二是制定应急科普工作审查与批准权力,即上级政府对所属职能部门以及下级政府的应急科普工作方案进行审查批准,对应急科普内容进行必要的监管;三是制定组织应急科普主体协同工作的权力,即协调政府部门与科学家、媒体协同开展政府应急科普工作,有权决定应急科普团队组建方式、沟通协调平台的搭建和科普传播渠道设置等。

二、专业内容生产:科学家主体责任分析

在应急科普情境下,其内容生产权的来源既是政府管制权的使然,也是其职业伦理的外现。在"人人都是麦克风"的时代,科学内容的生产并不天然具有

---

[1] 江国华.宪法哲学导论[M].北京:商务印书馆,2007:145.

合法性,正如福柯所说,"权力制造知识,权力和知识是直接相互连带的"[①]。科学知识与公权力运作具有密不可分的联系,在协调社会秩序与管理对象的关系上,这种话语权与其说是科学家的"天赋",不如说是来源于政府公权力之所需。因为,在应急管制权力约束下,科学家的内容生产过程是政府应急科普的手段进路。

公共突发事件的危害后果及事态变迁不可预知,同时受新媒体环境影响,公众对事件的感知强烈,迫切需要政府积极作出回应。因此,在政府主导的应急科普过程中,科学家作为政府组织与筛选出的内容生产群体,必须围绕政府的应急处置和救援工作来开展应急科普工作,而不能自说自话。在此情境下,科技工作者有义务承担一定的责任,以确保公众获得正确感知,保障社会稳定,为应急救援有序开展营造良好的社会氛围。由此而言,科学家的应急科普内容生产权是政府应急管制权的下位权力,政府与科学家的法律关系由一般行政相对关系转化为特殊的行政隶属关系,因此这种科学内容生产的权力行使必须且不可或缺地带有一定的行政强制性,其舆论传播的权限须有相较一般主体信息传播的高"位阶"性。

总而言之,代表政府发声的科普内容生产权需要从属于政府应急管制权履行的需要,因此,在政府应急科普中需要明确科学家的法律责任并合理规制其失责行为,这既是政府权力的内在统一,也是公权力限缩所必需的。同时,要注意科学家的责任有其特殊性,其角色地位不完全等同于其法律关系中的地位,要突出对科学家参与应急科普工作的鼓励与引导。在很多应急场合,例如面对突如其来的新冠疫情,涉及复杂且前沿性的科学问题时,应该允许科学家在基

---

① 米歇尔.福柯. 规训与惩罚[M]. 刘北成,杨远婴,译. 北京:三联书店,2003:29.

于专业知识、经验基础上做出合理性分析、判断和解释,即使这种科普本身科学性不足或有待深化,出于应急管制行为需要,应当在自由与规制中审慎权衡,为科学家科普内容生产提供必要的容错、纠错方面的法律保障。

三、正确无误传播:媒体主体责任分析

在政府应急科普情境下,媒体权力同科普内容生产一样,处于合目的性的限缩状态,这里并非有意忽视其依法监督公权力的权利,仅仅从现实角度考虑,程序权力的行使往往着眼于实体权利的设置所在,因此媒体作为传播工具而言,其传播权利唯有在政府应急科普框架内有限行使才能促成应急管理的目的。

不同于科学家与政府的关系,媒体之于政府作为行政相对人的法律地位,在其权利行使上具有更多的羁束性。其在政府应急科普下的行为模式往往以"可为"或"勿为"形式出现。在此模式下,其传播责任并非仅来自于市场经济的营利目的以及社会传播的职业伦理,而是更多源于行政指令或行政许可行为。换言之,媒体的信息传播权和政府应急管制权的关系与程序和实体的关系相差无几。在应急科普语境下,媒体信息传播的权限仅限于转达与传播,并不具备应急科学内容生产或再加工的专业能力,无论是官方媒体还是社会媒体,其自身对于信息价值的界定并不具有法理参考性。政府应急科普既是政府应急行为的外在体现,也是政府特殊公共服务的供给。作为传播中介,除官方应急科普媒体以外,现实中还有大量社会化媒体、自媒体在从事应急科普传播。所以说,在应急环境下,所有的媒体传播行为应当也必须在政府应急规制下进行,以保证科学无误地向公众传递信息,这并非应急管制权力对媒体权利的挤压,而是对公众需求和应急管理目标的真正确认与考量。

第二节　政府应急科普主体法律规制的现状

一、政府应急科普自身法律规制存在缺失

一方面,政府应急科普工作缺乏明确立法。虽然各类法律法规中都有提及,应急科普是应急管理的重要组成部分,但是,当前我国对于应急科普并没有较为系统的法律规定,相关工作规范分散在各个法规条例之中,且纲领性文件及倡导性提议较多,无论是应急科普的程序性法规还是具体法律责任的相关规定都有较大缺失,这就导致政府应急科普下的行为无法可依、有法难依。特别是,应急科普既是科普又是应急,是带有应急性的科学普及。现有法律体系中,无论是《科普法》还是《突发事件应对法》,对应急科普的规定都较为零散,这显然无法与其在突发事件应对中的重要性相适配。在应急管理预案体系中,关于应急科普的预案制定几乎空白,这就导致突发事件发生后很难有完整的应急科普工作方案可供参考。

另一方面,政府应急科普工作缺乏明确规范。当前我国应急科普主要依托各类应急管理平台以及各类突发事件监测预警体系来进行,应急科普工作主要附从于应急管理体系,其机构职能分散在安全生产、自然灾害、公共卫生健康等多个系统之中。应急科普工作在整个应急管理体系中受到的重视与其重要性也显然失衡。在各级应急管理部门,关于应急管理工作的组织程序、科普专家队伍建设、应急媒介协调等工作,均缺乏操作性规定,很多应急科普工作是临时

开展的,难免存在职能错位、责任不清等问题。

二、政府应急科普主体的责任存在模糊性

对于政府应急科普而言,各类部门法律体系对政府应急科普的三方主体的责任规定都较为分散,无论是政府还是科学家或是媒体,其法律责任往往都扩散在诸如行政法、行政处罚法、刑法或各类社会法等不同法律法规之中。其中,对政府行为的规制主要分散在政府舆情管理、信息公开等相关行政法与行政诉讼法等规定之中,对科学家与媒体的行为规制则体现在舆论引导与著作权保护等相关规定中,整体规定较为泛化、杂糅,对三方责任界定的边界也较为模糊,三方权力行使及责任担当难免各行其是。

以媒体的信息传播权为例,《科普法》第十六条规定:新闻出版、广播影视、文化等机构和团体应当发挥各自优势做好科普宣传工作。《突发事件应对法》第二十九条规定:新闻媒体应当无偿开展突发事件预防与应急、自救与互救知识的公益宣传。因此,媒体在应急科普上除负有真实、准确传播科学信息的道德伦理之外,还应该有无偿科普的法律义务。该项规定媒体应负有无偿科普的义务,其立法初衷是为了科普信息的流畅传播,但从现实角度出发,一些网络媒体、自媒体传播不实信息以及随意转载或改编其他著作权人的原创科普作品,本质上属于不当传播行为,对于其是否担责以及如何追责,在法律上仍有待商榷。

三、媒介社会化下的政府应急科普责任泛化

当今社会,网络自媒体和社交媒体层出不穷,在此背景下,应急科普主体更

加多元化。在互联网规制、媒介社会化规制方面,法律有其滞后性,应急科普主体不再局限于政府主导的三方主体,随着其他社会科普工作主体的参与,面向公共突发事件的应急科普工作都存在一定的泛化,具体表现如下:

首先,应急科普主体存在泛化。在自媒体环境下,大量非专业科普机构和个人出于各种动机参与到公共突发事件的应急科普活动中,科普主体数量急剧增加,同时不同主体之间身份重叠,责任交叉。以科学家与媒体为例,个别科学家拥有微博、公众号等自媒体平台,媒体中也不乏专职科普的传播工作者,因此,官方应急科普活动与各种非官方应急科普活动存在同台传播问题,在某种程度上导致了应急科普责任的泛化。特别是,互联网为每一位公众赋予了话语权,大量公众以科普者的身份加盟科普阵营,成为独特的公众科学传播者群体。尽管科学家倾向于拒绝承认公众作为科学传播者的合法性,但丝毫不影响公众在不同维度上扮演科学传播者的角色。[1]

其次,应急科普内容存在泛化。每当发生涉科学议题的公共突发事件,各种应急科普信息就会涌现出来,相关议题急剧泛化,代表政府发声的媒体很难将公众的注意力聚焦到预期设定的议题上进行有效科普。与此同时,还有不少谣言借着"科普"旗号进行传播,被大量转载转发,导致真假夹杂,信息泛化在所难免。

最后,追责对象存在泛化。在自媒体环境下,针对"名为科普、实为谣言"的应急科普行为,很难对其进行溯源追责。例如,新冠疫情防控期间"通过吃大蒜的方式抵御病毒""新冠疫苗可以免疫流感"等谣言频生,由于这些谣言常常依

---

[1] Yang Z. Who should be a science communicator? The struggle for 'legitimate' status as science communicators between Chinese scientists and citizens on a Chinese knowledge-sharing platform[J]. Public Understanding of Science,2023,32(3):357-372.

托小众媒体进行跨群潜伏式传播,且内容已经经过层层注解,一旦造成负面影响,将很难辨别真正的谣言制造者。

第三节 政府应急科普主体责任的界定与落实

一、明确政府应急科普主体的法律责任

应急科普应该是一项应对非常态化问题但需要拥有常态化组织程序而开展的科普活动。从应急科普的链式过程(需求研判—内容生产—内容加工—内容传播)来看,政府、科学家、媒体是应急科普的三方责任主体。应急科普的需求主要来源于公众的认知缺口,科学家是信息传播的起点,但从传播力角度出发,媒体的传播能力显著高于一般的科学家群体,而内容的审核和监管又依赖于政府职能的行使。科学家的专业性不可替代,媒体传播的快捷性和通达性也不可或缺。因此,应对公共突发事件需要多元主体协同发力,唯有明确应急科普多元主体责任,建立完善的应急科普法规体系,保障落实应急科普流程环节,依法审视应急科普的内容,才能将应急科普纳入法制范畴,形成政府、科学家、媒体应急科普的协同机制,提升政府应急科普能力。

第一,要明确政府在应急科普中的应急管制责任。政府应急管制责任主要是政府在整个应急科普活动中能对应急科普主体及其行为进行有效监管。政府在应对公共突发事件时需要行使紧急管制权力,而该权力不同于常态化的行政权力,其往往面临公权力与公民权利之间的冲突,该紧急权力的使用不得超

脱法治框架,应在应急科普的科学指导下形成自我约束,提升应急处置行为的正当合理性。

第二,要明确科学家在应急科普中依法生产科普内容的责任。包括在政府指导下参与应急科普内容生产,对涉科学议题舆论进行分析与解读以回应社会期待,以及为政府管制行为提供科学指引与参考。

第三,要明确媒体在应急科普中合法传播的责任。无论是应急科普的官方媒体,还是其他社会媒体,在突发事件状态下都有参与应急科普的义务,而这种义务来源于其对行政命令的服从与遵守。媒体在政府应急科普活动中须从属行政指导与行政许可,其责任内涵应限制于在监管模式下的传达与沟通。

二、建立政府应急科普主体的责任体系

积极探索应急科普法律规范实现的新路径,要以应急科普法律体系化建设为引领,以法规形式明确其法律监督程序及追责问责规范,将应急科普纳入法制化轨道之中,对应急科普监督程序及主体加以明确,做到有法可依,有章可循,有责可追。

中央办公厅、国务院办公厅印发的《关于实行党政领导干部问责的暂行规定》作为党内法规和行政规章双重属性的制度文件,对党政领导干部问责作出了统一规定,该文件列出的七种党政机关领导干部的问责情形,大部分都与重大事故、群体性突发性事件密切相关,因此要以此为依托并结合《突发事件应对法》以及政府舆情管理相关规定,对应急管理状态下行政主体有法不依、违法失责行为建立责任追究体系。就应急科普工作而言,是否构成追责的要件之一就是政府是否履行了应急科普主体责任,以及政府部门的管制行为是否逾越了应急科普所提出的必要性管制的行为范畴。同时,要以完善《突发事件应对法》为

统领,从突发事件总体应对的角度明确政府应急科普工作的组织程序、开展方式方法等,梳理和完善应急科普工作相关的法律法规,对于没有法律规定的要加以明确补充,法律重叠部分的要加强衔接联系,形成比较规范的政府主体责任规制体系。

三、加强对各类媒体应急科普责任的监管

加强对媒体应急科普责任的监管,就是要求各类媒体机构和自媒体要积极承担社会责任,严守新闻媒体的职业伦理,规范有序参与突发事件应急科普,以科学严谨、专业负责的态度传播信息。针对现实媒体责任缺失问题,需要从以下几个方面改进:

第一,规范官方应急科普媒体队伍建设。各级政府需要加强制度建设,规范官方媒体参与应急报道的工作要求。加强政府应急科普专家团队与媒体机构的沟通协作,为应急科普内容的传播设置把关人,从源头上掐断伪科普传播,提升官方媒体公信力,确保其在应急状态下能够传播政府的声音。

第二,对媒体应急科普行为依法监管。制定媒体从事应急科普传播的法律规范,设立媒体机构内部把关和外部监管双重机制,要求在突发事件状态下,所有媒体发布的科普内容均须注明原创作者及其身份信息,建立内容生产者与传播者责任共担制度,对制造、散播谣言或传播伪科学的媒体给予行政处罚,涉嫌违法犯罪的移交司法机关。

第三,加强各类媒体应急协同传播管理。一是积极借助官方主流媒体及时回应社会关切,为公众答疑解惑,矫正和消除其他媒体的不实言论和各类谣言。二是妥善引导其他媒体参与应急科普,扩大应急科普传播范围。三是加强对社会媒体的谣言传播监管,对恶意传播、散布谣言的媒体按照现有法律规定予以

惩戒，为应急科普营造良好的媒介生态。

四、完善科学家主体的责任豁免制度

当前，从自然灾害到事故灾难再到公共传染疾病，日益高涨的社会科普需求需要科学家群体勇于承担公众科普责任，投入到应急科普工作中去。然而，突发事件对科学家的发声要求非常严格，一旦立场偏颇或表述遗漏，都有可能对应急管理工作以及自身声誉造成负面影响。从权责对等角度而言，科学家群体显然担负了过多的责任义务而无更多权利，导致其参与应急科普的积极性不高，出现不愿说、不敢说等问题。为了解决此问题，一是要加强应急科普队伍建设，二是要在法律层面上明确科学家从事应急科普的相关责任，更要完善其责任豁免制度。

一方面，要明确责任豁免范围。出于政府应急管理需要和公共利益考虑，应急科普内容的生产具有特殊性，因此，在内容生产过程中引用他人的知识产权作品，不能将其简单视为侵权行为，应给予责任豁免。此外，科学家通过应急科普为政府部门应急救援提供决策建议，不能完全以行政责任对科学家群体在应急科普中的过失进行评判，防止因言获罪情形的发生。另一方面，要完善责任豁免制度。构建科学家参与应急科普的常态化工作机制，以制度形式明确规定其参与应急科普的责任义务与工作权限。对于科普言论的过失行为，要分情形论定，结合其主观动机和社会影响来综合评判，以限缩性态度合理规制其失责不当的应急科普行为，构建更为完善的科学家容错机制，为科学家敢于发声、愿意发声营造良好的舆论空间。

第四节　加强社会科普主体责任的法律规制

在数字媒体环境下，公众已经借由数字环境的赋权与连接性行动机制开始扮演科学传播者的角色，即公众科学传播者。但是，科学家群体由于共享的群体意识以及边界设置理念的影响，倾向于拒绝承认公众作为科学传播者的合法性；而公众则表现出了对于扮演科学传播者的积极态度以及回应科学家"驳斥"的相关"合理化"措施[1]。在公共突发事件过程中，这一问题同样存在。政府应急科普从理论上而言应该是科学家的话语权与媒体传播权在政府管制权下的合作行动过程，但是，这个过程却无法排除公众、媒体充当应急科普内容生产主体或传播主体的可能，因此，为了维护政府应急科普工作的权威性，有必要对其他社会科普主体的责任进行必要的法律规制。

一、强化对社会科普主体资质的审查

从加强网络科普的源头治理角度出发，突出国家对科普事业的保障与规范。针对公共突发事件，需要明确科普主体监管以加强对网络科普的源头治理，同时，通过明确科普信息的审查手段以加强应急科普与《互联网信息服务管

---

[1] Yang Z. Who should be a science communicator? The struggle for 'legitimate' status as science communicators between Chinese scientists and citizens on a Chinese knowledge-sharing platform[J]. Public Understanding of Science, 2023, 32(3): 357-372.

理办法》等互联网信息监管类法律法规的有效衔接,增强科普信息传播的可追溯性。

具体要求是:一是规范一般科普主体,设置科普账号审核备案机制,规范借助自媒体账号进行专职科普的从业群体,对其发布的科普信息设置一定的标识信息。另外,为社会群体从事应急科普工作设置必要的参与条件以筛选具备一定专业能力的科普主体。二是规范科普平台,完善科普平台监管法律,明确相关平台发布、转载科普信息的法律责任,设置科普责任人制度。三是对于涉疫情防控、自然灾害、重大事故等可能引发严重舆论危机、危害国家安全、诱发次生灾害的重点领域,需要由政府统一领导、监管、授权,以此规范社会主体参与应急科普工作。

二、加强网络科普内容审查与源头治理

我们正在走向一个去中心化的科学传播生态,每个人和机构都可能成为信息生产源或传播的重要节点。包括应急科普在内的所有传播活动中,科普信息分散传播的趋向已经愈演愈烈。要使公共突发事件中高质量的科普信息能够自由流动并成为主流,就必须打击低劣伪科学信息的生产与传播,加强源头治理。结合现实,应该在《突发事件应对法》《科普法》等与应急科普相关的法律中,增加"互联网信息媒体应妥善运用技术手段参与科普工作并对所传播的科普信息依法承担责任"之类的条款,科普工作的基础是科学客观的专业科学知识,要防止大数据环境下不良媒体通过伪造、加工突破科普专业性的底线。

具体要求是:一是要鼓励互联网机构积极探索如何借助科技手段提升网络科普质量。一方面,通过规范信息技术与大数据算法的使用,精准匹配目标群体,但不能仅限于捕捉用户需求,还要全面推送符合国家政策和社会治理的科

学知识，推动国民科学素养全方位发展；另一方面，借助互联网新技术，及时跟踪舆论发展，从而精确掌握舆情流向及扩散趋势，为舆论引导提供技术加持。二是要建立网络科普信息内容审查机制，探索大数据等技术手段对科普信息的审查筛选，对大数据收集的反馈信息及时归纳总结，对伪科学信息甚至涉谣言传播类信息及时审核删除。此外，设立具有一定专业素养的专职审核人员，对网络平台发布的科普信息进行专门审核。三是要规范重点领域的科普内容审查责任，明确涉公共安全、公共利益等领域的科普内容的审查部门和审查责任人，建立完善的科普内容审查制度，加强对网络大V、各类顶流自媒体的传播内容的审核。

三、明确重点领域的科普法律责任

在公共突发事件中，以科普为名扰乱社会秩序、非法牟利甚至危害国家安全的行为具有一定的隐秘性，其违法后果与规制行为极易处于不对称状态。在《科普法》中明确重点领域的法律责任，有助于精确识别特殊的违法行为，一定程度上便于及时制止违法行为，对于严重危害行为处置以危害结果发生后的事后处罚而言，此举可以补其不足。具体科普责任分级及其惩戒措施是：以科普为名进行有损社会公共利益的活动、非法牟利或者扰乱社会秩序，情节轻微的由有关主管部门给予批评教育，并予以制止；违反治安管理规定的，由公安机关依法给予治安管理处罚；危害国家公共安全和社会公共利益、在公共事件中故意误导社会舆论传播不实信息造成严重不良影响、故意扩散不实信息扰乱社会管理秩序或构成其他犯罪的，依法追究刑事责任。

此外，需要明确传播科普附带信息的法律责任。互联网科普主体往往采取科普信息与附带信息并行的传播方式来经营，无论是科普信息还是附带信息都应当在法制规范下依法传播。当前《科普法》的关注视野总体聚焦于科普信息本身的传播,常忽视借科普引流的同时靠广告等附带牟利的行为。传播平台本身对附带信息缺乏审核,常导致公众被附带信息误导造成人身财产损失。将科普附带信息传播监管纳入《科普法》范畴是《科普法》与《中华人民共和国行政处罚法》《中华人民共和国刑法》具体衔接的必要步骤。例如,可在《科普法》等法律中增加约束性条款,即科普信息传播者对引流链接、评论转载、广告宣传等附带信息传播行为依法承担连带责任。

后　记

EPILOGUE

　　备豫不虞,为国常道。应急管理是一个从传统中走出来的时代新命题。中共十八届三中全会提出了"推进国家治理体系和治理能力现代化建设"的重大战略。做好新时代应急科普工作有助于提升各级政府的应急管理能力,对国家治理体系与治理能力现代化建设具有积极作用。同时,完善突发事件政府应急科普机制,也是加强政府应急管理能力建设、高水平推进治理能力现代化的内在要求。

　　身处百年未有之大变局的时代,深入研究包括应急科普在内的各种应急管理问题,既需要有宏阔的理论视野,也需要有紧扣时代实践的深邃思考。本书从政府应急科普理论入手,就政府应急科普的时代背景、建设现状、问题与不足进行了阐述与分析,提出了构建政府应急科普机制的政策思路,并从规范科普内容生产、建立应急传播体系、完善政府科学辟谣平台管理、合理规制应急科普主体责任等方面阐述了一些个人陋见。

　　看到新书即将付梓,心中不免有一些激动和感慨。虽然本书算不上鸿篇巨制,但也是我的一点心血。自感内容观点粗陋,但还是把个人一些不成熟的思考写出来,希望在读者的批评与指正中获得真知灼见。当然,我相信,任何一本书的写作与出版,其背后都离不开亲人和朋友的鼓励、领导和老师的支持以及他人的帮扶。借此机会,我也想表达一下个人内心最诚挚的谢意:首先,感谢中国科普研究所副所长郑念研究员在研究上给予的关心和指导!其次,感谢我的学生宋黎阳、杨子杰、罗炜钰、宋雨琦、杨陆、王秀、唐艳君等在研究上提供的帮助和支持!再次,向为本书出版付出辛劳的中国科学技术大学出版社编辑和工作人员表示感谢!最后,向本书所引用文献的全部作者一并表示感谢!

展望未来,唯有躬耕不辍,继续学习,勇毅前行。